LA VERITÀ
NELL'AMORE

Omelie e scritti pastorali di mons. Luigi Padovese

Per informazioni rivolgersi a:
Edizioni Terra Santa
Via Giovanni Gherardini, 5 - 20145, Milano
Tel. +39 02 34592679
Fax + 39 02 31801980
www.edizioniterrasanta.it
. e-mail: editrice@edizioniterrasanta.it

LA VERITÀ
NELL'AMORE

Omelie e scritti pastorali di mons. Luigi Padovese
(2004-2010)

A cura
fr. Paolo Martinelli

Prefazione
card. Angelo Scola

Introduzione
fr. Raffaele Della Torre

Postfazione
fr. Mauro Jöhri

edizioni
terra santa

Progetto grafico di Elisa Agazzi

Finito di stampare nel maggio 2012
da Corpo 16 s.n.c. - Bari
per conto di Fondazione Terra Santa

ISBN 978-88-6240-147-0

PREFAZIONE
S.Em. Card. Angelo Scola

Ho avuto più volte occasione negli ultimi anni di approfondire il legame con S.E. mons. Luigi Padovese. In particolare, attraverso la *Fondazione Internazionale Oasis*, nata per incrementare la reciproca conoscenza e l'incontro tra il mondo occidentale e quello a maggioranza musulmana, avevo avuto modo di incontrarlo, di ascoltarlo raccontare la situazione dei cristiani in Turchia e di apprezzarne le grandi qualità intellettuali e spirituali. L'ho conosciuto come una persona di straordinaria sensibilità e dedizione.

Dopo essere stato impegnato attivamente nel mondo accademico e della ricerca scientifica per circa un trentennio, ha accolto la nomina a Vicario Apostolico dell'Anatolia con grande entusiasmo e fervore, spendendosi generosamente per la sua nuova missione con un impegno unanimemente riconosciuto. Del resto mons. Padovese aveva già un'ampia conoscenza e frequentazione di quei territori, sia per gli studi patristici che per l'organizzazione di un gran numero di convegni su san Giovanni ad Efeso e su san Paolo a Tarso.

Le omelie e gli scritti pastorali contenuti in questa raccolta ci permettono di cogliere in sintesi questa singolare figura di teologo sapiente, esperto dei Padri della Chiesa e delle origini cristiane, e di pastore appassionato e sollecito nella cura pastorale del suo gregge, chiamato a svolgere il suo ministero nella terra che ha dato i natali a san Paolo e dove per la prima volta, come ci ricordano gli *Atti degli apostoli*, i credenti furono chiamati "cristiani".

Scorrendo queste pagine si trovano numerose testimonianze di figure che von Balthasar soleva chiamare "personalità totali", riferendosi alla caratteristica, così diffusa nel primo millennio cristiano, dei grandi dottori della Chiesa di essere al contempo studiosi rigorosi e pastori attenti e sensibili alla vita del popolo di Dio.

Le omelie e le lettere pastorali di mons. Padovese sono, da una parte, semplici, immediate e vanno dirette al cuore dell'interlocutore; d'altra parte sono continuamente nutrite da numerose citazioni dei Padri della Chiesa e anche di autori contemporanei. Mostrano il suo profondo radicamento nella grande tradizione della fede cristiana e un'intelligente apertura alle questioni che toccano la vita della Chiesa e della società di oggi.

La sua predicazione e la sua azione pastorale possono essere descritte come i due fuochi di un'ellisse: da una parte il richiamo costante e deciso ad una consapevolezza chiara della *identità cristiana*, alla necessità di essere cristiani per convinzione e non per convenzione, nella coscienza di essere eredi dei Padri che hanno vissuto e dato la vita proprio nella terra dell'Anatolia; dall'altra la *tensione all'incontro* e al dialogo con chiunque, in particolare con i fedeli musulmani, con i quali mons. Padovese intratteneva in genere ottimi rapporti e che era solito salutare con profondo rispetto.

Non a caso, ai suoi funerali nella cattedrale di Iskenderun, si è registrata una grande partecipazione di popolo e di autorità. Non solo di fedeli cristiani e di autorità della Chiesa ortodossa, con le quali aveva sempre intrattenuto relazioni di collaborazione e di stima fraterna, ma anche delle autorità e di popolo musulmano della zona.

Nella sua azione e nelle sue parole non c'era alcuna forma di proselitismo, ma sempre sostegno e incoraggiamento ai cristiani perché crescessero nella fede e testimoniassero la vita buona del vangelo, nel profondo rispetto di tutte le identità religiose e culturali.

Mons. Luigi Padovese è stato certamente un figlio di san Francesco d'Assisi e nello stesso tempo un figlio della Chiesa ambrosiana.

Il santo di Assisi ricorre spesso nelle sue omelie. Proprio il carisma del figlio di Pietro Bernardone, del resto, lo aveva persuaso ancora in giovane età a seguire Cristo sulla via dei consigli evangelici nella famiglia dei Cappuccini.

Colpisce a questo proposito il fatto che anche nel suo ministero episcopale, come emerge in queste pagine, egli si sia sempre definito un "cappuccino vescovo", ossia abbia sempre sentito di dover e poter attingere al proprio carisma anche l'alimento per vivere con impegno e dedizione la responsabilità di Pastore. Lo sguardo di Francesco a Cristo, che incarna l'umiltà di Dio, e l'impegno a vivere *"minores et subditi omnibus"* hanno certamente segnato anche lo stile dell'episcopato di mons. Padovese.

Egli ha così vissuto in se stesso quella reciprocità tra doni gerarchici e doni carismatici che permette di vivere in pienezza il ministero e di servire efficacemente la Chiesa nella sua missione anche nel nostro tempo.

Inoltre, monsignor Padovese non ha mai smesso di sentirsi figlio della nostra Chiesa ambrosiana e della tradizione dei santi Ambrogio e Carlo.

Il Vicario Apostolico dell'Anatolia sottolineava volentieri anche il profondo rapporto tra la Chiesa ambrosiana e la Chiesa in Turchia, soprattutto attraverso la fiorente storia di santità che le accomuna in molti punti. Una testimonianza emblematica di questo è l'omelia che egli fece proprio nel Duomo di Milano nell'ottobre del 2008 in occasione della Giornata missionaria mondiale: «Io, figlio della Chiesa di Milano, mi trovo ad essere padre di quella Chiesa di Anatolia che nella storia è sempre stata legata alla comunità cristiana della nostra città. È la memoria dei santi che ha fatto da ponte, già al tempo di Ambrogio, tra Oriente ed Occidente. Vorrei ricordare Santa Tecla, patrona dell'antica cattedrale, vissuta e morta nel territorio che è affidato alla mia cura; San Babila vescovo di Antiochia, il vescovo di Milano, Dionigi, morto in esilio nell'attuale Turchia e sepolto in questa Chiesa» (Omelia del 19 ottobre 2008).

Mi sembra che qui emerga un altro tratto fondamentale della personalità di monsignor Padovese: proprio perché non si cessa mai di essere "figli", si può essere "padri" e "pastori". Egli non ha mai smesso di sentirsi figlio della Chiesa ambrosiana e figlio della provincia dei frati cappuccini di Lombardia, vivendo concretamente e fedelmente questi legami. In forza di questo è diventato padre ed amico, generando tanti alla fede in Cristo.

È questo, in fondo, il senso di una citazione di Ambrogio che molto spesso mons. Padovese richiamava al suo clero: «Non può essere riscaldato chi non è vicino al "fuoco ardente" e non può riscaldarsi per un altro chi non ha Cristo per sé». Si può dare la vita solo se non si smette di riceverla; si può comunicare l'amore di Cristo solo se ci si lascia continuamente riscaldare da questo fuoco.

Certamente per monsignor Padovese sarebbe stato più comodo continuare lo studio della patristica, piuttosto che andare a fare il vescovo in un territorio difficilissimo, con pochi fedeli e ancor meno sacerdoti. In uno dei nostri incontri mi raccontò che una comunità del suo vicariato era costituita da due sole persone, oltre il sacerdote: «Ma – mi diceva – occorre assolutamente non mollare, per non perdere l'ultima chiesa rimasta su tutta la costa meridionale del Mar Nero».

A questo proposito le parole che egli pronunciò a Venezia, in San Marco, dove lo avevo invitato a dare una testimonianza alla seconda Assemblea ecclesiale durante la Visita pastorale nel patriarcato, non smettono di destare impressione anche oggi, dopo la sua fine cruenta: «Se, come è avvenuto nei decenni passati, accettassimo come cristiani di non comparire, restando una presenza insignificante nel tessuto del Paese, non ci sarebbero difficoltà, ma stiamo rendendoci conto che, come sta avvenendo in Palestina, in Libano e soprattutto in Iraq, è una strada senza ritorno che non fa giustizia alla storia cristiana di questi Paesi nei quali il cristianesimo è nato e fiorito, e che non farebbe giustizia alle migliaia di martiri che in queste terre ci hanno lasciato in eredità la testimonianza del loro sangue» (Basilica di San Marco, 11 ottobre 2009).

Monsignor Padovese sapeva benissimo a quali pericoli andava incontro lo svolgimento della sua missione. E nelle pagine di queste omelie ne troviamo una drammatica testimonianza, che risuona per tutti noi, cristiani di Occidente un po' impagliati, come un richiamo acuto a vivere la testimonianza con rinnovata decisione.

Il vescovo Luigi, peraltro, era ben consapevole di essere pastore in una terra profondamente segnata da martiri: «Tra tutti i paesi di antica tradizione cristiana, nessuno ha avuto tanti martiri come la Turchia. La terra che noi calpestiamo è stata lavata con il sangue di tanti martiri che hanno scelto di morire per Cristo», così affermava nella lettera ai suoi fedeli nell'ottobre del 2005.

Particolarmente emblematici di questa coscienza sono poi i testi delle omelie relative all'uccisione di un suo sacerdote, don Andrea Santoro nel febbraio del 2006. In esse non mancano chiare parole di denuncia e al contempo espressioni di dialogo, che non deve mai interrompersi, e di perdono. Nel primo anniversario della uccisione del sacerdote romano, così affermava: «Chi ha pensato che, uccidendo un sacerdote cancellava la presenza cristiana da questa terra, non sa che la forza del cristianesimo sono proprio i suoi martiri... preghiamo per il suo giovane assassino. La forza del nostro perdono e della nostra preghiera lo aiuti a capire che l'amore è più forte della morte» (Omelia del 5 febbraio 2007).

Risultano infine particolarmente commoventi le omelie tenute a Stegaurach, un paese della diocesi di Bamberg, in Germania, cui monsignor Padovese era legato da lunga data. Alcune omelie risultano qui essere come una sorta di confidenza fatta ad amici intimi, come quando il 6 maggio del 2007 disse: «L'assassinio di un mio sacerdote, il ferimento di un altro, le intimidazioni ricevute, l'abbandono del sacerdozio di un giovane e poi le difficoltà di gestire una realtà molto piccola, ma complessa, mi hanno pesato e a volte mi tolgono la tranquillità ed il sonno. C'è poi il timore che all'improvviso uno o più pazzi, come è avvenuto ultimamente a Malatya, compia qualche gesto folle. Questa situazione vincola ancora i miei movimenti perché mi rendo conto che ormai tutto è possibile» (Omelia del 6 maggio 2007 in Germania).

Queste evidenti difficoltà non hanno tuttavia impedito a questo figlio di san Francesco d'Assisi di avere sempre un cuore lieto, facendo eco alla espressione di san Paolo: «nel dolore lieti», e nemmeno gli hanno impedito di continuare ad amare la Turchia, il popolo turco e soprattutto la Chiesa che gli è stata affidata, come afferma nell'ultima omelia riportata in questa raccolta, tenuta pochi giorni prima del suo assassinio: «Se oggi mi si chiedesse: sei contento di essere dove sei? Risponderei certamente di sì. Le difficoltà non hanno ridotto, ma anzi aumentato l'amore per questa Chiesa piccola ma importante. È facile amare quando tutto va bene e funziona, eppure tutti sappiamo che l'amore si misura nella prova» (30 maggio 2010).

Nella vita donata di questo pastore troviamo così sintetizzata l'urgenza dei cristiani nel nostro tempo, ossia l'impegno alla testimonianza: ad essere quel tramite misterioso tra Dio che si comunica a noi e l'uomo nostro fratello.

Cristo – il *testimone fedele e verace*, come leggiamo nel libro dell'Apocalisse, rimane contemporaneo attraverso la testimonianza dei fedeli, che corroborati ogni giorno dalla Parola di Dio, nutriti dal sacramento dell'Eucaristia e sostenuti dalla comunione ecclesiale, si espongono inermi nella relazione con l'altro, non in forza di una propria idea, ma di quella verità amorosa di Dio che ci è stata donata in Cristo, come ci insegna mons. Padovese già nel suo motto episcopale, ispirato a san Giovanni Crisostomo: *In Caritate Veritas*.

Infatti, come ci ricorda sua santità Benedetto XVI, «Diveniamo testimoni quando, attraverso le nostre azioni, parole e modo di essere, un Altro appare e si comunica. Si può dire che la testimonianza è il mezzo con cui la verità dell'amore di Dio raggiunge l'uomo nella storia, invitandolo ad accogliere liberamente questa novità radicale. Nella testimonianza Dio si espone, per così dire, al rischio della libertà dell'uomo» (*Sacramentum Caritatis*, 85).

Infine, la pubblicazione di questo volume di omelie e di scritti pastorali di monsignor Luigi Padovese, torna a sollevare una richiesta urgente dalla quale dobbiamo tutti lasciarci interrogare: non dobbiamo lasciare sola la Chiesa di Turchia ed in generale i cristiani in Medio Oriente. La preoccupazione che fu di mons. Luigi Padovese risuona come un monito a ciascuno di noi: ci sono cattolici, sacerdoti, laici, consacrati, disposti a giocarsi in prima persona per sostenere la presenza cristiana in quelle terre?

Possa il suo esempio e quello di tutti coloro che hanno dato testimonianza fino al dono della vita stimolare i cristiani all'impegno per la nuova evangelizzazione, di cui abbiamo veramente bisogno.

Milano, 21 aprile 2012

Card. Angelo Scola
Arcivescovo di Milano

INTRODUZIONE
Fr. Raffaele Della Torre

Nei due anni trascorsi dalla morte di mons. Luigi Padovese, molti confratelli e amici hanno chiesto prima al mio predecessore fra Alessandro Ferrari e poi a me di mantenere viva la sua memoria, la sua opera di pastore e di studioso. Quando ho ricevuto i testi delle sue omelie e di altri scritti pastorali, subito con il mio Consiglio e con fra Paolo Martinelli, curatore del testo, ho pensato di favorire e incoraggiare la pubblicazione di quanto mons. Luigi ha detto e scritto nell'adempimento del suo ministero episcopale.

Il vescovo Luigi attraverso la sua parola e i suoi scritti ha sostenuto e incoraggiato il cammino di fede dei fedeli della Chiesa di cui era pastore, ha vissuto la missione a lui affidata con la mitezza che gli era connaturale, ma con un annuncio chiaro, deciso, capace di ammonire, correggere, indicare il cammino.

Il card. Dionigi Tettamanzi, la sera del 3 giugno 2010, a poche ore dalla morte di mons. Luigi, al termine della processione cittadina del Corpus Domini, così ricordava il Vicario Apostolico dell'Anatolia:

«*Porta e non muro* è stata la vita di mons. Padovese, spesso sotto scorta eppure così libera di annunciare il vangelo in terra arida; *porta e non muro* la Chiesa che egli ha voluto, piccolo gregge aperto all'amicizia delle genti; *porta e non muro* per accogliere fino alla fine, come te Signore Gesù, le lacerazioni che abitano il cuore dei popoli e degli uomini, anche di colui che ha follemente levato la sua mano, per il quale lui continua ad essere *fratello e padre*». Queste parole pronunciate in quelle ore colme di dolore e di sgomento definiscono la statura pastorale e culturale di mons. Padovese. Il vescovo Luigi ha accompagnato, con la sua persona, le fatiche e le sofferenze della sua Comunità, ha sostenuto con coraggio e fortezza il dolore e lo sgomento per l'assassinio di don Andrea Santoro, ha indicato la strada della riconciliazione e del perdono come la vittoria sul male, il pregiudizio e il rancore.

Dalle omelie e dagli scritti contenuti in questo volume emerge una profonda dimensione missionaria del magistero di mons. Luigi, scevra da ogni attività di proselitismo. Il lettore scorrendo le pagine di questo volume, in modo particolare quelle dedicate alle brevi omelie tenute nelle chiese della sua Diocesi, troverà spesso che il nucleo centrale delle parole pronunciate da mons. Padovese in lingua turca è la certezza dell'amore di Dio per i suoi figli. «Il centro della fede cristiana sta in questa affermazione di Gesù: "Dio ha tanto amato il mondo da dare il suo figlio unigenito perché chiunque crede in lui non muoia, ma abbia la vita eterna". In altre parole, Dio dà se stesso, per insegnarci che l'amore vero è sempre donazione, è apertura verso gli altri, è un morire perché altri vivano» (Iskenderun, Turchia, 26 marzo 2006, Omelia per la IV domenica di Quaresima – Anno B).

La missione per mons. Luigi è innanzitutto annuncio dell'amore gratuito e fedele di Dio. Chi sperimenta la bellezza dell'incontro con il vertice di questo amore nella persona di Gesù Cristo diventa capace di donare la vita come Lui ha fatto.

Ho incontrato mons. Luigi a Milano pochi giorni prima della sua morte. Dopo esserci intrattenuti affabilmente, rievocando alcuni episodi di quando fu mio Direttore e insegnante di Patrologia allo studentato teologico dei Cappuccini di Milano, mi parlò del suo lavoro svolto in preparazione del Sinodo delle Chiese Orientali che si sarebbe celebrato dal 10 al 24 ottobre 2010. Le sue parole, le prospettive che intravedeva per il futuro, la lucida consapevolezza delle difficoltà e delle sofferenze che accompagnano la vita e la testimonianza della Chiesa in Medio Oriente, lo rendevano ancora più desideroso di donare la sua persona nel ministero affidatogli. Le omelie di mons. Luigi ci presentano un vescovo consapevole della sua missione di annunciare il vangelo mettendo a disposizione tutte le risorse umane e spirituali ricevute in dono dal Signore.

Nel secondo anniversario della morte unitamente a tutti i confratelli della Provincia dei Frati Minori Cappuccini di Lombardia saluto questo testo con sentimenti di gratitudine al Signore per ciò che ha operato nella persona di padre Luigi Padovese, vescovo, e sono certo che quanto lui ha donato generosamente con la sua parola e il suo insegnamento continuerà ad essere stimolo e incoraggiamento per testimoniare la bellezza dell'incontro con il Signore.

Ringraziamenti

Ci sentiamo onorati della presentazione dell'Arcivescovo della Diocesi di Milano S.E. card Angelo Scola che ha aderito con paterna sollecitudine all'invito d'introdurre il lettore alle omelie e agli scritti di mons. Luigi.

A fra Mauro Jöhri, Ministro generale dei Frati Minori Cappuccini, un fraterno ringraziamento per la postfazione dove citando alcuni passi delle omelie ha posto in rilievo alcune peculiarità significative della predicazione e della testimonianza di padre Luigi vescovo.

La realizzazione di questo volume è stata possibile grazie a molte persone. In particolare vorrei ricordare sua eccellenza mons. Ruggero Franceschini, Arcivescovo di Smirne e Amministratore Apostolico del Vicariato apostolico dell'Anatolia, e il cancelliere, padre Marco Dondi, che hanno fatto pervenire il materiale informatico contenente le omelie di mons. Padovese. Grazie a fra Paolo Martinelli, curatore di questo volume. Fra Paolo, successore di mons. Padovese alla Presidenza dell'Istituto Francescano di Spiritualità della Pontificia Università Antonianum, fin dai giorni immediatamente seguenti alla morte di mons. Luigi, ha colto l'importanza di tenere desta la memoria del confratello vescovo e si è impegnato con passione e competenza per rendere concreto questo nobile intento, proponendo eventi e giornate di studio.

Importante è stato anche il primo lavoro di cernita sui testi fatto dal Segretario provinciale dei Frati Cappuccini Lombardi, fra Claudio Resmini che ha permesso di identificare, all'interno del vasto materiale pervenuto, i testi omiletici. Un grande grazie va anche detto a suor Roberta Arcaro, delle suore Francescane Angeline, per il paziente lavoro di revisione dei testi e per la correzione delle bozze.

Un grazie di cuore anche alle Edizioni Terra Santa, in particolare al direttore, il dottor Giuseppe Caffulli, che hanno accettato di accogliere questo volume all'interno della loro prestigiosa produzione.

Infine un grazie va anche ai parenti di mons. Luigi Padovese, in particolare al fratello e alla cognata, e alle nipoti, per aver acconsentito prontamente alla pubblicazione di queste omelie.

Il dolore che ha colpito loro e tutti i confratelli ed amici per l'uccisione di un grande uomo di Chiesa e di comunione, possa essere sempre confortato dalle parole che lo stesso mons. Padovese ha pronunciato proprio in occasione della sua ultima omelia: «Il mistero di Dio-amore non è soltanto una realtà da contemplare, ma un modello da imitare ogni giorno. Prego per tutti voi e per me perché riusciamo a mettere nelle nostre famiglie, nella nostra società, nelle nostre Chiese dinamiche di accoglienza reciproca, di perdono, d'unità».

Fr. Raffaele Della Torre, OFMCap
Ministro provinciale
dei Frati Minori Cappuccini di Lombardia

NOTA DEL CURATORE
Fr. Paolo Martinelli

In occasione della presentazione della miscellanea *In Caritate Veritas*[1], scritta per onorare la memoria di mons. Luigi Padovese (1947-2010), Vicario Apostolico dell'Anatolia, ad un anno dalla sua barbara uccisione, molte personalità del mondo ecclesiastico ed universitario avevano raccomandato che l'eredità spirituale e culturale di questo "uomo di comunione" venisse raccolta, approfondita e divulgata.

L'Istituto Francescano di Spiritualità della Pontificia Università Antonianum, di cui mons. Padovese è stato preside per 17 anni, ha cercato di rispondere a questo invito con l'istituzione della cattedra di Spiritualità e dialogo interreligioso "mons. Luigi Padovese", che si preoccupa di approfondire la ricerca dei temi che hanno caratterizzato l'impegno accademico e pastorale del vescovo cappuccino.

Inoltre, lo stesso Istituto promuove insieme alla Provincia dei Frati Cappuccini di Lombardia, provincia di appartenenza del vescovo cappuccino, una associazione "Amici di mons. Luigi Padovese", deputata proprio a raccogliere e diffondere l'opera da lui svolta, soprattutto nell'ambito della ricerca patristica e dell'incontro tra popoli, culture e religioni, nella difesa della libertà religiosa e dei diritti delle minoranze, con particolare riferimento alla realtà del Medio Oriente.

Questo volume, che viene pubblicato in occasione del secondo anniversario della sua uccisione, è una tappa significativa di questo impegno ed esprime il desiderio di molte persone di far conoscere l'opera e

---

[1] Cf. P. MARTINELLI – L. BIANCHI (edd.), *"In Caritate Veritas". Luigi Padovese, Vescovo cappuccino, Vicario Apostolico dell'Anatolia. Scritti in memoria*, EDB, Bologna 2011. La miscellanea raccoglie 75 contributi, con un'appendice bio-bibliografica di mons. Luigi Padovese. La presentazione di questo volume è avvenuta il 3 giugno 2011 presso la Pontificia Università Antonianum. Gli atti della presentazione sono stati pubblicati in *Cattedra "Spiritualità e dialogo interreligioso". In memoria di mons. Luigi Padovese. Inaugurazione della Cattedra (Roma, 4 marzo 2011). Presentazione del volume "In Caritate Veritas" (Roma, 3 giugno 2011)*, a cura di P. Martinelli, Ed. Italia Francescana, Roma, 2011.

gli scritti di mons. Luigi Padovese. Sono qui raccolte le omelie, insieme ad alcuni messaggi e lettere pastorali ai fedeli del vicariato, pronunciate nel periodo del suo episcopato, da quella del giorno della sua Ordinazione, il 7 novembre 2004 a Iskenderun, fino a quella del 30 maggio 2010, pronunciata in Germania, a Stegaurach, in occasione della solennità della Santissima Trinità, pochi giorni prima del suo omicidio.

Certamente non possiamo dire che queste siano "tutte" le omelie pronunciate nel periodo del suo episcopato. In non poche occasioni il vescovo Luigi predicava senza avere un testo preparato. È probabile che vi siano altri testi di omelie e messaggi in documenti non ancora accessibili. Era abitudine del vescovo cappuccino prepararsi bene prima di predicare. Le omelie che sono contenute in questo libro ne sono una testimonianza.

Nel presentarle è necessario considerare alcuni elementi circa la loro origine e l'elaborazione critica che ne è stata fatta in questa edizione.

Innanzitutto una parola sulla origine dei testi. Tutto il materiale è pervenuto a noi in supporto informatico. Si tratta di una serie di file – 102 per la precisione – a tutt'oggi archiviati presso la Curia Provinciale dei Frati Cappuccini della Provincia di san Carlo in Lombardia, provenienti direttamente dalle autorità ecclesiastiche turche. I documenti elettronici riportano fedelmente la data di creazione e dell'ultimo salvataggio. A volte le omelie sono contenute all'origine singolarmente in documenti separati; in altri casi un gruppo di omelie omogenee per periodi sono salvate dall'Autore stesso in un unico documento.

Nella stampa si è mantenuto il testo come è stato trovato nel documento elettronico, correggendo talvolta alcuni errori di battitura dovuti perlopiù al fatto che veniva utilizzata sovente una tastiera con i caratteri turchi.

Le singole omelie vengono presentate con il corredo di alcuni dati: innanzitutto il riferimento al luogo dove è stata pronunciata e al giorno. Molto spesso abbiamo trovato questi elementi nello stesso documento elettronico, inseriti da mons. Padovese stesso.

In mancanza di questi, è stato possibile quasi sempre identificare luogo e data grazie ad indicazioni contenute nel testo stesso dell'omelia, nei saluti, nei riferimenti alla liturgia del giorno. Spesso è stato di aiuto il confronto con la data dell'ultimo salvataggio del documento. Nei pochi casi in cui gli elementi interni non permettevano di risalire con sufficiente sicurezza alla data e al luogo si è preferito ometterli.

Lo stesso criterio è stato adottato anche per la titolatura delle omelie. Mons. Padovese quasi sempre scriveva prima del testo dell'omelia una breve annotazione in riferimento alla circostanza in cui veniva pronunciata (festività liturgica, domenica durante l'anno, in occasione di una cresima o di una ordinazione presbiterale, etc...). Si è sempre mantenuto il titolo che è stato ritrovato nel documento originario. Tuttavia, poiché spesso mons. Padovese titolava in modalità differenti, riportando a volte dati completi e a volte solo parziali, in alcune omelie si è voluto intervenire redazionalmente a completare il titolo.

Spesso nei documenti elettronici si sono trovate anche omelie in tedesco e in turco, che abbiamo potuto constatare essere le traduzioni degli originali scritti in italiano. Per questo motivo queste traduzioni non vengono riportate nel volume. Alcuni casi particolari vengono indicati in nota.

Nella organizzazione delle omelie, si è preferito adottare un criterio tematico, a partire dal gruppo di omelie pronunciate nei mesi successivi all'ordinazione episcopale. Seguono poi sezioni che raccolgono la predicazione domenicale, secondo il tempo liturgico, e quella per l'amministrazione dei sacramenti. E, ancora, le omelie sulla figura di san Paolo, quelle in ricordo di don Andrea Santoro, quelle pronunciate in ambito francescano e quelle legate a temi particolari come la famiglia, l'ecumenismo, la giornata missionaria. Non mancano, per ciascuna omelia, le coordinate di tempo e di luogo, secondo la maggiore precisione possibile.

Per quanto riguarda i messaggi e le lettere si è mantenuta la struttura del testo come appare nel sito del vicariato (www.anadolukatolik-kilisesi.org).

Come si potrà apprezzare dalla lettura, le omelie di mons. Luigi Padovese che presentiamo in questo volume possiedono generi letterari diversi. La maggior parte di esse è composta da testi piuttosto brevi; a volte sono costituite da semplici riflessioni che evidenziano l'elemento dominante della parola di Dio proclamata durante la santa Messa, oppure da richiami alla responsabilità specifica del cristiano che deve vivere la propria fede in un paese quasi interamente musulmano.

Inoltre, troviamo anche omelie ampie ed articolate. Ci riferiamo soprattutto a quelle pronunciate in circostanze particolarmente significative, in cui emerge anche la sua preparazione culturale e teologica. Questi testi sono frequentemente impreziositi da numerose citazioni di autori antichi e moderni. Particolarmente presenti sono le citazioni dei Padri della Chiesa, soprattutto quelli originari dell'Anatolia, e delle fonti francescane. Emerge anche un frequente richiamo a sant'Agostino e sant'Ambrogio: segno di un tratto ambrosiano che ha sempre caratterizzato il pensiero del vescovo cappuccino. A volte troviamo anche il richiamo ad autori della tradizione musulmana.

In molti casi mons. Padovese stesso riportava le note delle citazioni direttamente a piè di pagina, che sono state fedelmente riportate nel testo. Altre volte vi sono allusioni evidenti e anche citazioni dirette di diversi autori, tuttavia senza apparato critico. È da notare altresì che a volte mons. Padovese riportava l'indicazione bibliografica di una citazione direttamente nel testo dell'omelia. Abbiamo lasciato questa duplice modalità. Pertanto, le note che si trovano nel testo all'interno delle omelie sono state poste dall'Autore stesso. Anche le sigle riportate nel testo sono state mantenute come sono state trovate. Peraltro appaiono di immediata comprensione.

In definitiva, ci troviamo di fronte ad una pluralità di generi letterari in cui si esprime la capacità di mons. Padovese di essere sia pastore semplice che dottore erudito; di trasmettere verità profonde sulla vita di Dio e sulla esperienza cristiana in modo comunicativo ed efficace. L'Autore mostra di saper essere al contempo semplice e profondo, adattando il suo linguaggio ai fedeli e alla loro situazione concreta.

Colpisce in questo senso il fatto che nelle omelie delle grandi festività cristiane, mons. Padovese si rivolgesse con affabilità anche ai musulmani che assistevano all'azione liturgica, cercando al contempo di valorizzare la sensibilità musulmana di fronte alla figura di Gesù e di spiegare quale sia la visione propria della fede cristiana.

Particolarmente intense e significative risultano essere le omelie pronunciate in occasione dell'omicidio di don Andrea Santoro, il sacerdote romano *fidei donum*, ucciso a Trebisonda mentre stava pregando in chiesa, il 5 febbraio 2006, e negli anniversari successivi, dove insieme alla chiarezza della denuncia si trovano sempre parole di pace e di riconciliazione.

Fr. Paolo Martinelli, OFMCap
Preside dell'Istituto Francescano di Spiritualità
Pontificia Università Antonianum

Omelie

Nei mesi sussessivi alla sua ordinazione episcopale, mons. Padovese si trova, in contesti e luoghi assai diversi, a condividere riflessioni e sentimenti legati al suo nuovo servizio pastorale. Ci pare significativo aprire la raccolta delle sue omelie con questi testi. Sono stati omessi i brani analoghi tra loro.

Ringraziamento al termine della santa Messa della Consacrazione Episcopale nella Cattedrale

Caro Mons. Farhat, a Lei in particolare e ai vescovi consacranti, Mons. Franceschini, Mons. Bernardini, Mons. Gioia, Mons. Pelâtre e Mons. Spiteris, il mio grazie per aver invocato su di me il dono dello Spirito Santo, conferendomi la pienezza del Sacramento dell'Ordine.

Nella liturgia d'ordinazione è riportata un'espressione che ho percepito come particolarmente significativa: «Episcopato è il nome di un servizio, non di un onore, poiché al vescovo compete più il servire che il dominare, secondo il comandamento del Signore".

È nello Spirito di queste parole che intendo adempiere il nuovo ministero. Credo fermamente che una vita è vissuta bene quando è spesa per gli altri, così come credo che la porta della felicità si apre soltanto verso l'esterno.

Ora ho l'occasione provvidenziale di tradurre in vita entrambe tali convinzioni proprio in questa terra che da molti anni conosco e amo e alla quale mi hanno avvicinato quanti considero come modelli e prego come intercessori: Paolo di Tarso, l'evangelista Luca di Antiochia, Ignazio d'Antiochia, Giovanni Crisostomo, gli altri grandi antiocheni, i Padri cappadoci, Efrem e i Padri della Chiesa siriana, tutti nati nel territorio del vicariato d'Anatolia.

È davvero toccante pensare che le radici della Chiesa affondano anche geograficamente, in questo suolo che noi oggi calpestiamo. Reputo pertanto un grande onore e una forte responsabilità guidare questa Chiesa ridotta per numero, non per la vivacità delle persone che la compongono e pure così ricca di memorie cristiane.

Leggendo in spirito di fede il cammino della vita, rivedo tutto come preparazione a questa che considero l'ultima e più importante tappa della mia esistenza. Ciascuno può fare una tale rilettura perché Dio non fa preferenze e ci misura sulla forza del cuore più che sulle nostri doti e capacità. Oggi, tuttavia, permettete che vi offra la mia rilettura condensandola in un grande grazie.

Grazie a mio padre defunto e alla mamma che con i suoi 95 anni non ha potuto essere qui. Al dono dell'esistenza essi hanno aggiunto il loro affetto, un ambiente sereno ed onesto mediante il quale ho potuto acquisire un senso positivo della vita e fiducia negli uomini. Il mio ringraziamento s'allarga poi ai miei fratelli, cognate e nipoti, alla zia e a tutti i parenti che pure mi hanno circondato di un'amorosa attenzione.

Accanto a loro il Signore mi ha donato un'altra famiglia che qui è ben rappresentata e presso la quale ho respirato un clima di fraternità e d'accoglienza: la mia provincia dei cappuccini di Lombardia che ringrazio per avermi fatto maturare nell'identità cristiana e nella vocazione francescana.

Nei disegni di Dio gli ultimi 22 anni della mia vita li ho trascorsi a Roma, nel Collegio internazionale, a servizio dell'Ordine e del Pontificio Ateneo Antonianum. Avverto forte il bisogno d'esprimere un grazie alla mia più grande famiglia dei Cappuccini qui rappresentata dal Vicario Generale, fr. Aurelio Laita e da numerosi altri confratelli.

Soprattutto la vita nel Collegio internazionale, a contatto con fratelli di tutto il mondo mi è servita portandomi anche a valorizzare – al di là o proprio attraverso le differenze – il bisogno di dialogo, di condivisione, di fraternità. Nella persona del Rettore, P. Mariano, qui presente, ringrazio tutti i confratelli del Collegio per il bene che ho ricevuto.

A tutti chiedo di starmi vicino e di sentirmi sempre membro della nostra famiglia. Ribadisco che sono un cappuccino vescovo più che un vescovo cappuccino. L'essere vescovo lo percepisco infatti come un approfondimento o una dilatazione del mio essere frate minore, chiamato ad essere minore e suddito, secondo l'ideale di san Francesco.

Poco prima di partire il Cardinale Silvestrini mi ha fatto questa raccomandazione: "Ricordati di annunciare Francesco". Accolgo queste parole come un'indicazione nel coltivare i valori che il nome di Francesco contiene: semplicità di vita, umiltà, accoglienza di tutti, dialogo.

Il mio grazie ora si estende al Pontificio Ateneo Antonianum nella persona del suo Rettore Magnifico, P. Marco Nobile e dei colleghi presenti con i quali ho condiviso tanti anni d'insegnamento. Abbiamo creato un clima di fattiva collaborazione perché siamo stati anzitutto 'amici' che si comprendono, si aiutano, si sostengono. Grazie di vero cuore.

Non voglio dimenticare poi che il frequente contatto con questa terra è soprattutto legato ai 19 simposi di Paolo e di Giovanni che, assieme alla benemerita e preziosa suor Leonora, ho organizzato e che non avrebbero avuto luogo senza il concorso e il sostegno dei miei confratelli di Parma e dell'Agenzia Eteria. Ad entrambe, rappresentate rispettivamente dal P. Provinciale e dal suo presidente, P. Paolo Poli e P. Oriano Granella la mia riconoscenza.

Infine rinnovo il mio ringraziamento a Mons. Franceschini che con intelligente perizia e dispendio d'energie mi ha preparato una sede dignitosa ed accogliente dove poter svolgere il mio nuovo ministero.

A tutti voi, cari amici, che vi siete accollati la fatica del viaggio, venendo dalle diverse parti della Turchia, dell'Italia, dalla Germania, dalla Slovacchia e dall'Etiopia un grazie vivissimo. Vi sono debitore dell'affetto che mi avete dimostrato e che ora voglio esprimervi mediante la preghiera e ricordandovi che questa mia nuova casa è la vostra casa. Attraverso tutti voi il mio grazie ultimo ritorna a Dio che mediante ciascuno di voi mi ha mostrato la sua bontà. A Lui la nostra comune lode.

Iskenderun, Turchia, 7 novembre 2004

Solennità di Cristo Re e Signore dell'Universo nella Chiesa del Sacro
Cuore, sede della Curia Provinciale dei Frati Cappuccini di Milano

Carissimi,

è un dono essere qui con voi nella nostra casa provinciale e in questa Chiesa di Monforte in cui da giovane studente venivo il sabato e la domenica per accompagnare all'organo le celebrazioni.

Ho pensato a ciascuno di voi come a tante tessere di mosaico che compongono la mia esistenza e dove ognuno ha fatto la sua parte per dare forma a quella che è stata la mia vita, soprattutto negli anni del soggiorno in provincia. Penso ai miei educatori, ai miei compagni, agli studenti di teologia e a tutti i confratelli vivi e defunti che ho incontrato. È a contatto con voi che ho preso coscienza della mia identità di frate cappuccino assumendo quei valori di fede, di fraternità, di gusto per il lavoro che mi porto dentro come un'eredità preziosa. Non sarei vescovo se non fossi stato e non fossi un frate cappuccino della provincia lombarda.

Pertanto, immaginandovi come tessere del mosaico della mia esistenza, penso ad ognuno con un suo significato, un posto ben preciso. Rappresenta qualcosa e guardando all'insieme – con uno sguardo di fede – si può cogliere il disegno che sta alla base del tutto ed è un bel disegno.

Per questo le prime parole che oggi posso dire sono un grazie perché ci siete stati, ci siete e spero ci sarete ancora in questa nuova vita che inizio e che mi porta un po' lontano da qui.

Ho familiarità con la terra di Turchia che conosco ormai da 27 anni e nella quale vado volentieri per prestare un nuovo servizio; eppure al piacere del nuovo si associa l'atteggiamento del bambino di nove mesi che, pur avvertendo il bisogno di essere lanciato nella vita, sta comodo nel seno della madre e non vorrebbe rinunciare alle sicurezze di cui gode.

In certe circostanze della vita di ciascuno – e ora l'avverto chiaramente per me –, è sempre la vicenda dell'itinerante Abramo che si ripete. È l'esperienza dell'inizio e del nuovo che esalta ma che non è privo di ombre.

Abramo è stato invitato ad abbandonare la sua terra di Harran, che è nel vicariato di Anatolia, a 75 anni: io in questa terra ci arrivo a 57 e chiedo al Signore perché questo "mettermi sulla strada", serva pure a rimettermi in discussione, tirando fuori quelle energie e potenzialità che la sedentarietà o la routine della vita accademica ha lasciato assopire e che un cambiamento potrebbe rianimare.

In quanto alla strada da percorrere ho davanti il modello di tutti quei grandi testimoni e Padri della Chiesa che sono vissuti nel vicariato e che già da lungo tempo sono per me un modello. Penso soprattutto a Paolo di Tarso, all'evangelista Luca di Antiochia, ad Ignazio d'Antiochia, a Giovanni Crisostomo, ai Padri antiocheni, ai cappadoci, ai siriaci e poi a tutti quei grandi santi e martiri che sono fioriti nel territorio che mi è affidato e il cui culto è arrivato fino a Milano: santa Tecla, san Babila, san Biagio; ma come modello c'è anzitutto Francesco che invita i suoi frati ad essere evangelicamente 'minori e sudditi a tutti'.

Non trovo incompatibile questa esortazione con il nuovo incarico che ho da svolgere in un paese quasi esclusivamente musulmano, anzi credo che proprio questa connotazione di 'servizio umile' risponda all'immagine da offrire da parte di un frate minore. In fondo, in ogni funzione – anche la più importante – il riferimento del proprio essere ed agire rimane la kenosi, l'abbassamento di Cristo, espressa dalla volontà di servire gli altri.

Proprio la festa odierna della regalità di Cristo ci rimanda al fatto che egli diventa re non quando gli altri lo cercano per farlo tale, ma mediante la sua donazione totale espressa sulla croce. Paradossalmente è sul legno che egli esprime la sua signoria, frutto di un amore che consapevolmente si sacrifica e liberamente sceglie come corona un intreccio di spine e come trono uno strumento di tortura. Questo ci dice che, nella logica del vangelo, è l'amore e soltanto l'amore a permetterci di esercitare un'autorità sugli altri, tanto più incisiva e feconda quanto più fondata sull'autorevolezza che nasce dal sentirsi ed essere servi e non padroni.

Francesco ha avuto una profonda comprensione di questo paradosso evangelico. Egli ha inteso che l'umiltà, normale atteggiamento degli schiavi, è ora la condizione di coloro che hanno posizioni di guida nella comunità. Non è dunque soltanto l'umiltà nei confronti di Dio, ma si tratta di una virtù sociale in quanto umiltà verso il prossimo. Umanamente parlando è una virtù sociale che contraddice il codice d'onore secondo cui ognuno deve adottare una condotta conforme al proprio status. Ma sappiamo bene che gli status non soltanto distinguono, ma spesso anche separano ed allontanano. Con Gesù, però, c'è stato un rovesciamento dove chi sta sopra deve stare al di sotto di tutti e dove il servo diventa padrone.

Nell'invito che ho inviato per l'ordinazione, ho tratto da un'illustrazione di un antico codice un'immagine che ritengo molto significativa. Vi si trova in alto la rappresentazione del banchetto eucaristico e sotto la lavanda dei piedi. I due momenti sono legati tra loro, poiché mentre i vangeli sinottici nell'ultima cena fanno riferimento all'Eucarestia, Giovanni non ne tratta, ma la sostituisce con la lavanda dei piedi. Anzi sembra che tale lavanda sia un'interpretazione dell'Eucarestia, o – più esattamente – che il vero significato della comunità eucaristica si realizzi nell'amore e nel servizio reciproco. Ora, se la cena serve a realizzare la riunione del gruppo, l'azione di Gesù «ha lo scopo di fare entrare i discepoli in un nuovo tipo di comunione... Solo partecipando a ciò che Gesù compie i discepoli avranno parte con lui». Pertanto l'invito a farsi schiavi gli uni degli altri (cf. Gv 13,14), significa «proporre un ideale di comunità in cui i ruoli reciproci siano simili ed equivalenti»[2]. L'Eucarestia, insomma, in quanto sacrificio di sé e servizio del prossimo chiarisce il senso della vita cristiana e, ancor più, della vita consacrata e di quella sacerdotale. L'ha ben presente l'esortazione *Vita Consecrata* quando precisa che «nella lavanda dei piedi Gesù rivela la profondità dell'amore di Dio per l'uomo; in lui Dio mette se stesso a servizio degli uomini! Egli rivela, al tempo stesso, il senso della vita cristiana e, a maggior ragione, della vita consacrata che è vita d'amore oblativo, di concreto e generoso servizio» (III,75).

Inizio il nuovo ministero con questa consapevolezza. E come dicevo

    [2] M. Pesce - A. Destro, *Come nasce una religione. Antropologia ed esegesi nel Vangelo di Giovanni*, Laterza, Bari - Roma, 2000, 58.

il giorno della ordinazione a quanti sono venuti in Turchia, prego di rimanere e vi chiedo di aiutarmi a rimanere un cappuccino vescovo e non un vescovo cappuccino, ben cosciente che la minorità non è una opzione libera, ma una scelta vincolante d'identità.

Ho coscienza delle difficoltà che dovrò incontrare e che parzialmente ho già incontrato: l'approfondimento della lingua turca, la conoscenza dei pochi cattolici sparsi in un territorio più vasto dell'Italia che dovrò visitare, il dialogo a volte non sempre facile con il mondo musulmano, e pure alcuni problemi di gestione economica che si profilano.

Ho tuttavia fiducia di non essere solo. E – del resto – non lo sono mai stato. Nel saluto che ho potuto inviare alla provincia ho scritto che non me ne vado solo in Turchia, ma è la provincia dei cappuccini di Lombardia che attraverso di me sarà presente in questa terra così importante per la storia cristiana e che, non senza motivo, è stata chiamata la 'terra santa' della Chiesa. È la terra in cui sono nati Paolo e Luca, dove è vissuta la madre di Gesù e dove è sepolto Giovanni; la terra in cui il cristianesimo si è diffuso più rapidamente che altrove entrando a contatto con le diverse culture e filosofie del mondo antico; è la terra dove è nata buona parte del Nuovo Testamento, la terra dei primi sette concili ecumenici, la terra dei grandi santi e martiri per la cui testimonianza di fede oggi possiamo ancora dirci cristiani. È pertanto un campo di lavoro immenso che non riguarda soltanto il presente ma che si allarga anche alla salvaguardia delle memorie cristiane che là si conservano.

Dinanzi a tanti impegni mi accompagni la vostra preghiera. Sono divenuto vescovo attraverso l'ordinazione, ma so che non sarò un buon vescovo senza l'aiuto e la preghiera vostra e di altre persone ora assenti. Per questo vi chiedo di continuare a ricordarmi, perché nel rapporto con quanti ora incontrerò in Turchia, possa riflettere tutti quei valori che ho trovato in voi e che mi hanno reso preziosa la vostra amicizia e più bella la vita. Per voi e per me la benedizione che Francesco indirizzava ai frati che mandava per il mondo: «Riponi la tua fiducia nel Signore ed Egli avrà cura di te» (1Cel 12,29).

Milano, 20 novembre 2004

Santa Messa di ringraziamento al Collegio
san Lorenzo da Brindisi

Carissimi,
   è un dono avervi tutti qui nella mia casa in cui, prima come studente e poi come docente, ho trascorso oltre 25 anni della mia vita.
   [...]
   Vorrei, a questo punto, richiamare gli ultimi 22 anni di vita trascorsi qui a Roma. Ritengo una grazia questo tempo per l'opportunità avuta di poter studiare, riflettere, scrivere e di guardarmi dentro in un processo d'introspezione talora sofferto, ma utile per non smarrire il contatto con quello che sono. Il silenzio, l'isolamento, la monotonia di una vita scandita dagli stessi ritmi è stata una tentazione verso l'individualismo ma – a ben vedere – anche una buona scuola.
   Mi sono pensato e penso a tutti noi inviati qui a Roma per lo studio e la ricerca come a quegli esploratori mandati in avanscoperta da Giosuè alla ricerca della terra promessa. Lontani dal proprio ambiente abbiamo sperimentato come loro la solitudine, la fatica, la paura, la tentazione di lasciare tutto, eppure se si resiste, si torna in patria o dove si è inviati con grandi grappoli di uva che servono per alimentare la speranza di una terra migliore dove scorre 'latte e miele'.
   Vorrei dire queste cose soprattutto ai miei confratelli studenti perché non si perdano d'animo e vivano questo tempo come un momento di crescita in vista di un servizio futuro più completo, più arricchente per chi ci incontra. Dobbiamo offrire contenuti, stimoli, ma questo non avviene senza il nostro sforzo. Diceva Ilario di Poitiers che l'aumento della scienza è aumento del dolore: le due cose vanno insieme.
   Negli anni di vita in Collegio ho visto passare centinaia di confratelli e reputo un dono averne potuti conoscere tanti. Questo è valso a farmi riconoscere e accettare le differenze di culture e di mentalità come una ricchezza. Forse anche questo è valso come preparazione al futuro. Siamo diversi, spesso molto diversi, eppure ho costatato che l'ideale francescano dell'Ordine è riuscito a farci incontrare e poi c'è quell'insopprimi-

bile bisogno di amicizia e d'incontro e di affetto che ci portiamo dentro e che ha fatto da collante. Per questo ringrazio tutti voi e in particolare P. Mariano e i suoi collaboratori per aver saputo creare un ambiente sereno dove si può percepire il calore della famiglia.

Riguardando indietro, penso ora all'attività accademica: soprattutto ai miei 22 anni d'insegnamento all'Antonianum, ai 13 alla Gregoriana ed ai 9 all'Accademia Alphonsiana. Ringrazio tutti i miei colleghi, qui ampiamente rappresentati, – in particolare quelli dell'Antonianum – per la stima, la collaborazione e per l'amicizia che è nata tra di noi. Ho condiviso la gioia della docenza, ma pure il peso che l'accompagna. Una volta, parlando agli studenti, che pure ringrazio di essere qui, mi sono paragonato a uno di quei salici piangenti che immergono i loro rami in un'acqua che non è mai la stessa. Sempre fermo, il professore come il salice vede passare tanti studenti, aiuta, condivide in un ritmo incessante e spesso faticoso e poi tutto incomincia daccapo in un fluire che non ha fine, senza mai tenere qualcosa per sé. È un dare senza esaltanti riconoscimenti, ma un dare che trova la sua ragione ultima nella volontà di restituire quello che altri con non minore abnegazione prima di noi ci hanno lasciato. «Gratuitamente avete ricevuto, gratuitamente date» (Mt 10,8).

In particolare l'esperienza di preside all'amato Istituto di spiritualità del Pontificio Ateneo Antonianum mi è valsa per mettermi a vivo contatto con la spiritualità francescana. C'è un ricco tesoro in questa tradizione molto vicino all'ideale agostiniano che pure mi è caro. Ho voluto associarli entrambi nel motto episcopale che lega ed interpreta bene sia Agostino che Francesco: "In caritate veritas", la verità nell'amore.

Penso ora ai tanti amici ai quali proprio la Turchia mi ha unito attraverso i numerosi simposi celebrati a Efeso e ad Antiochia/Tarso. Ho imparato tanto in questi incontri ma quello che più mi è stato utile è il rapporto di fraterna simpatia nato tra noi; e alcuni qui presenti lo possono confermare. Veramente – per riprendere un'espressione di Alberto Magno – abbiamo ricercato la verità nella dolcezza dello stare assieme. Grazie a tutti voi.

E poi c'è stato il lavoro nei 9 collegi orientali di Roma dove il Card. Silvestrini mi ha voluto come delegato. A lui l'espressione più sincera del mio ringraziamento, per quello che ha rappresentato e rappresenta per me. La sua modestia, la sua capacità d'ascolto, la sua disponibilità ad aiutare sempre e chiunque è un ammaestramento molto più incisivo di tante parole. Attraverso i colleghi orientali e in collaborazione con l'amico Mons. Brugnaro, pure qui presente, sono venuto a contatto con la realtà variegata del mondo orientale, nei suoi diversi riti e mentalità, ricchezze e problemi, e anche questo considero come una preparazione alla realtà nella quale d'ora innanzi dovrò vivere.

Infine il mio pensiero va a tutti voi del gruppo di don Antonio e del Cardinale Silvestrini, ai nostri incontri, al vostro forte bisogno di autenticità, alle vostre stimolanti osservazioni, all'esigenza urgente di collegare la fede con la vita concreta. Anche a voi dico grazie e compatibilmente con la nuova funzione, manterrò il mio impegno di starvi vicino.

Ci sarebbero poi tante altre persone incontrate in questi anni di soggiorno romano che pure hanno segnato una parte della mia storia: la mia maestra di canto e altri amici, in parte qui presenti. A tutti rinnovo il mio grazie e a tutti dico: la casa d'Iskenderun è la vostra casa.

Sono divenuto vescovo attraverso l'ordinazione, ma so che non sarò un buon vescovo senza l'aiuto e la preghiera vostra e di altre persone ora assenti. Per questo vi chiedo di continuare a ricordarmi, perché nel rapporto con quanti ora incontrerò in Turchia, possa riflettere tutti quei valori che ho trovato in voi e che mi hanno reso preziosa la vostra amicizia e più bella la vita.

Roma, 25 novembre 2004

Santa Messa nella Parrocchia della SS. Trinità

Eccellenza, don Franco, carissimi,
è un dono avervi tutti qui in questa chiesa nella quale 31 anni fa ho celebrato la mia prima messa, assistito dal compianto e amato don Sironi. Mi è particolarmente gradito salutare tutti quei sacerdoti che nella mia giovinezza mi hanno seguito e con i quali ho intrecciato vincoli di amicizia e che oggi si sono radunati qui per condividere la gioia di questa eucaristia.

La vita nei conventi della provincia e poi gli ultimi 22 anni trascorsi a Roma, mi hanno immesso in una realtà diversa da quella originaria, eppure è sempre grande il piacere di tornare qui: rivedere amici, sentirmi a casa in quest'ambiente dove è nata e maturata la mia vocazione religiosa e sacerdotale. Penso all'antica chiesa della Trinità, al vecchio oratorio, alle mie suore del catechismo, ai miei compagni di giochi e a tutti quei sacerdoti che per me sono stati un riferimento e un incitamento a scegliere una vita a servizio degli altri e per amore di Dio. Proprio guardando a ritroso, penso a molti di voi – iniziando dalla mia mamma qui presente e dai miei famigliari, come a tante tessere di mosaico che sono valse a comporre la mia esistenza – alcune più importanti altre meno – e tuttavia tutte necessarie per dare forma a quella che è stata la mia vita. Non sono state tessere legate al caso e disposte disordinatamente, ma ciascuna ha un suo posto preciso. Rappresenta qualcosa e guardandole insieme – con uno sguardo di fede – si coglie il disegno che sta alla base del tutto ed è un bel disegno. [...]

Milano, 28 novembre 2004

Santa Messa nella Cattedrale di Concordia

Cari fratelli e sorelle di Concordia,
è con gioia che ho accettato l'invito del carissimo don Pierluigi per questa celebrazione eucaristica. Intendo questo momento come
un atto di riconoscenza nei confronti di questa terra dalla quale traggo
le mie origini. Qui è vissuta la mia famiglia paterna, i miei nonni, zii,
cugini. Da mio padre ho ereditato l'interesse per le antichità di Concordia. I ricordi dell'infanzia crescono con noi ed io ho ben presente quando
da bambino mi parlava dei martiri concordiesi, della invasione di Attila,
della 'capra d'oro' nascosta chissà dove, o quando durante le estati mi
portava qui, dove la visita agli scavi era d'obbligo. Il vecchio sacrestano
Felice se ne ricorda ancora.

È nato così il mio interesse per la storia e quando ho potuto decide-
re, dopo la mia ordinazione sacerdotale, che cosa studiare, ho scelto le
antichità cristiane e i Padri della chiesa. È questo stesso interesse che
molti anni fa mi ha portato in Turchia sulle tracce delle prime comunità cristiane. Posso perciò dire con verità che Concordia, con il fascino
delle sue antichità, mi ha preparato per la Turchia. Veramente i fili che
la Provvidenza intreccia nella nostra vita sono misteriosi, eppure guar-
dandoli retrospettivamente ci si accorge che fanno parte di un ricamo
con un suo disegno ben preciso e tutto ha un suo significato.

Per questo sono particolarmente lieto di essere con voi oggi per riconfermare il legame a questa terra che sento essere la mia. Soprattutto
sono lieto di guidare la comunità cristiana nei luoghi che il grande Ru-
fino di Concordia ha personalmente conosciuto ed ha fatto conoscere
attraverso la sua Storia ecclesiastica.

[...]

Concordia (Venezia), 12 dicembre 2004

Santa Messa a Stegaurach

Caro Parroco Riess, caro Andreas,
è un dono essere ancora qui in questa Chiesa nella quale soltanto pochi mesi fa ho celebrato i 30 anni di servizio pastorale estivo. Mi è particolarmente gradito salutarvi tutti con l'affetto sincero e profondo che è maturato tra di noi in tutto questo tempo. Vorrei dirvi grazie per la delegazione dei parrocchiani di Stegaurach che ha rappresentato l'intera comunità il 7 novembre, data della mia ordinazione episcopale. Ora, guardando a ritroso, penso a voi, come a tante tessere di mosaico che sono valse a comporre la mia esistenza. Non sono state tessere legate al caso e disposte disordinatamente, ma ciascuna ha un suo posto preciso. Rappresenta qualcosa e guardandole insieme – con uno sguardo di fede – si coglie il disegno che sta alla base del tutto ed è un bel disegno.

Per questo le prime parole che oggi sento di dire sono un grazie perché ci siete stati, ci siete e spero ci sarete ancora in questa nuova vita che ho iniziato e che mi porta soltanto geograficamente lontano da qui.

Ho familiarità con la terra di Turchia che conosco ormai da 27 anni e che ho girato in lungo e in largo. I 19 simposi su Paolo e Giovanni che come preside all'Antonianum, ho organizzato ad Efeso e a Tarso sono stati una magnifica opportunità per conoscere meglio questo paese soprattutto nel suo passato cristiano. Ora, dopo i primi due mesi che ho trascorso, vi dico che ci sto volentieri. Ho iniziato la visita delle piccole parrocchie che ci sono; ho incontrato alcune famiglie di cristiani dalla nascita e anche i cristiani che si sono convertiti dall'Islam. È una realtà viva, come vivo è anche l'incontro con i giovani musulmani turchi che vogliono sapere qualcosa di più del cristianesimo e che, quotidianamente, bussano alla nostra porta. Certo, da quando sono venuto qui non ho più potuto leggere un libro. La vita è veramente cambiata. Ora devo interessarmi dell'impianto elettrico, delle perdite di acqua, del riscaldamento, delle tasse da pagare. Fortunatamente c'è chi mi aiuta.

[...]

Cari fratelli e sorelle, vi ho detto alcune delle cose che porto nel cuore in questo tempo. Dinanzi agli impegni che mi trovo ad affrontare, mi accompagni la vostra preghiera. Sono divenuto vescovo attraverso l'ordinazione, ma so che non sarò un buon vescovo senza l'aiuto e la preghiera vostra e di quanti mi vogliono bene. Per questo vi chiedo di continuare a ricordarmi, perché nel rapporto con quanti ora incontrerò in Turchia, possa riflettere tutti quei valori che ho trovato in voi e che mi hanno reso preziosa la vostra amicizia e più bella la vita. L'affetto che mi avete sempre manifestato, e che mi è stato di grande consolazione, continui ad accompagnarmi. Io, dalla mia parte, continuerò a starvi vicino e vi dico che vi aspetto in Turchia.

La parola magica che aprirà la porta della mia nuova casa sarà "Stegaurach".

Stegaurach, Germania, gennaio 2005

Santa Messa a S. Giovanni Rotondo

Cari fratelli e sorelle,
ringrazio il padre guardiano, P. Nazario di poter essere oggi qui con voi a celebrare questa eucaristia. Sono qui per affidare alla protezione di P. Pio la mia missione di vescovo in Turchia. «Credere – scriveva il teologo Pierre Gisel – significa sapersi generato», percepirsi cioè all'interno di una discendenza credente, in un processo di continuità che garantisce il senso dell'appartenenza e indica le mete da raggiungere. Ebbene, la testimonianza e la vicinanza con P. Pio serve a farci comprendere appunto che nella realizzazione del nostro proposito di vita non siamo soli e che anche per ciascuno di noi Dio ha tracciato un particolare cammino da percorrere.

Certo, diventa sempre più difficile lasciarsi dire da uomini e donne del passato qual è la strada da percorrere. Oggi ogni individuo nella sua vita è portato a crearsi un proprio sistema di valori, a plasmarsi un'identità che non gli è «data» ma che diviene un compito. Evidentemente, rinunciando all'appoggio di quanti ci hanno preceduto, si perdono anche i valori che essi trasmettono. L'identità, da cosa data, diviene un compito, anche se poi gli individui, abbandonati a se stessi, non sono sempre in grado di assolverlo. Non meraviglia che questa situazione ingeneri stati d'incertezza, di paura, di rinuncia ad assumersi responsabilità dinanzi alle quali ci si sente impari, inadeguati. Il senso della vita non appare più come la realizzazione di un progetto poiché i progetti «legano» mentre si vuol essere liberi, anche se poi s'ignora a cosa serve la libertà o non si è in grado di sopportarne le conseguenze.

È appunto così che si afferma anche un senso profondo di solitudine che investe le persone. Le ansie, i timori sono privatizzati. Ciascuno è chiuso in sé; ha diritto – come si dice – alla sua privacy che, non di rado, è un termine elegante e neutrale per esprimere noncuranza verso gli altri.

La testimonianza alla quale P. Pio ci richiama di continuo sta nel ricordarci che non siamo soli, che Dio ha cura di noi e che nel conflitto spesso frequente tra l'affermazione dei nostri interessi personali e quelli del nostro prossimo, tra la nostra libertà e la carità, è questa che deve prevalere.

Dico queste cose dopo il primo tempo passato in Turchia e dopo aver toccato con mano che il Signore è vicino, è provvidente e mi conferma che la porta della felicità ha una sola maniglia ed è quella che apre verso l'esterno, verso gli altri.

Da circa due mesi mi trovo ad Iskenderun – l'antica Alessandretta – a guidare la piccola comunità cattolica dispersa tra il mar Nero, parte dell'Armenia, la Cappadocia, la Cilicia con la sede di Tarso e parte dell'antica Siria avente per capitale Antiochia. Per chi, come me, ha studiato ed insegnato patristica e storia della Chiesa antica, è un grande privilegio vivere in questa terra in cui sono nati Paolo, Luca, Ignazio d'Antiochia, Giovanni Crisostomo e i grandi Padri della Cappadocia e della Siria. Mi sento un po' custode di memorie tra le più importanti per il cristianesimo. Nello stesso tempo sperimento la multiformità della Chiesa cattolica nelle sue diverse tradizioni. Infatti, nelle nostre chiese, oltre ai latini, incontro cristiani caldei, melchiti, maroniti, siriani, armeni, greco-cattolici ed anche ortodossi. Vorrei dire che in terre come la Turchia si sperimenta che cosa significa essere cattolici, cioè universali; ma si sperimenta altresì come lo Spirito, che guida la Chiesa, non è soltanto autore dell'unità, ma anche fonte della diversità espressa nelle diverse tradizioni. Il tutto mi conferma che la pluralità significa bellezza e che la diversità non va intesa sempre come rottura, separazione, ma è piuttosto una necessità o «un elemento costitutivo innegabile dell'unità» (Cullmann). In questo mondo così variegato e che comprende anche la stragrande maggioranza di musulmani, sto sperimentando che offrire simpatia, cordialità, apertura è un modo per raggiungere il cuore delle persone che incontro. Penso che a volte siamo come tanti iceberg che vagano solitari nel gelido mare del Nord. Ci vuole un po' di sole per scioglierli, ossia un po' di umanità. In fondo questo è stato il modo con il quale Francesco si è accostato a quanti incontrava: un calore umano accompagnato dalla coscienza che, ciascuno, davanti a Dio, ha un valore inestimabile; un'umiltà nel capire che siamo chiamati a servirci.

[...]

Lo sto sperimentando soprattutto attraverso i miei confratelli in questa terra di Turchia così importante per la storia cristiana e che, non senza motivo, è stata chiamata la 'terra santa' della Chiesa. È la terra in cui sono nati Paolo e Luca, dove è vissuta la madre di Gesù e dove sono sepolti Giovanni, Filippo; la terra in cui il cristianesimo s'è diffuso più rapidamente che altrove, entrando a contatto con le diverse culture e filosofie del mondo antico; è la terra dove è nata buona parte del Nuovo Testamento, la terra dei primi sette concili ecumenici, la terra dei grandi santi e martiri per la cui testimonianza di fede oggi possiamo ancora dirci cristiani. È pertanto un campo di lavoro immenso che non riguarda soltanto il presente ma che si allarga anche alla custodia delle memorie cristiane che là si conservano.

Dinanzi a tanti impegni mi accompagni la vostra preghiera. Sono divenuto vescovo attraverso l'ordinazione, ma so che non sarò un buon vescovo senza l'aiuto e la preghiera di quanti ho incontrato e vado incontrando nella mia vita.

Per voi e per me la benedizione che Francesco indirizzava ai frati: «Riponi la tua fiducia nel Signore ed Egli avrà cura di te» (1Cel 12,29).

San Giovanni Rotondo (Foggia), 6 febbraio 2005

Santa Messa nella Cattedrale di Pordenone

Cari fratelli e sorelle,

è con gioia che ho accettato l'invito del carissimo Mons. Giuseppe Romanin per questa celebrazione eucaristica. Nei suoi confronti mi lega una vecchia amicizia. Ricordo bene quando, da giovane sacerdote, prestava servizio nella parrocchia di Summaga dove io, ancora ragazzo, trascorrevo le vacanze presso i miei nonni.

Un santo di quella che è ormai divenuta la mia terra, Ireneo di Lione, ma originario di Smirne, ha scritto che «gli insegnamenti appresi da ragazzi crescono con l'anima e si uniscono ad essa». Io, che da oltre quarant'anni conosco don Giuseppe, lo confermo. E stasera sono qui per ravvivare un'amicizia antica e anche per assolvere a un debito di gratitudine verso di lui che, assieme a don Natale Quattrin e ai miei confratelli cappuccini di Portogruaro, è stato uno dei primi sacerdoti con i quali sono venuto a contatto.

Per ciascuno di noi sono soprattutto le prime persone che s'incontrano ad avere un ruolo importante o addirittura fondamentale nella nostra vita. È come se si trattasse di tanti fili dei quali si compone la nostra esistenza; ciascuno ha un suo colore, un suo posto preciso e, se leggiamo il tutto con uno sguardo di fede, niente è casuale. Veramente guardando retrospettivamente tali fili che la Provvidenza intreccia nella nostra vita, ci si accorge che fanno parte di un ricamo con un disegno ben preciso e tutto ha un suo significato. Per questo sono particolarmente lieto di essere qui, e lo sono pure per riconfermare il legame a questa Chiesa di Concordia-Pordenone che è la Chiesa d'origine della mia famiglia e alla quale mi sento assai vicino anche se, fisicamente, sono assai lontano.

Da novembre, infatti, mi trovo in Turchia a guidare la piccola comunità cattolica dell'Anatolia dispersa in un territorio di 400.000 km quadrati comprendente gran parte della costa turca del mar Nero, parte dell'Armenia e del Kurdistan, la Cappadocia, la Cilicia con la sede di

Tarso e parte dell'antica Siria avente per capitale Antiochia. Per chi, come me, ha studiato ed insegnato per anni patristica e storia della Chiesa antica, è un grande privilegio vivere in questa terra in cui sono nati Paolo, Luca, Ignazio d'Antiochia, Giovanni Crisostomo e i grandi Padri della Cappadocia e della Siria e dove la Chiesa ha mosso i suoi primi passi. Basti pensare che buona parte dei libri del Nuovo Testamento che leggiamo sono nati nell'attuale Turchia o sono stati scritti per comunità cristiane là residenti. Mi sento, pertanto, un po' custode di memorie tra le più importanti per noi cristiani. Nello stesso tempo vado sperimentando la pluriformità della Chiesa cattolica nelle sue diverse tradizioni. Infatti nelle nostre parrocchie, oltreché ai latini, incontro cristiani caldei, melchiti, maroniti, siriani, armeni, greco cattolici ed anche ortodossi. Vorrei dire che in terre come la Turchia si sperimenta che cosa significa essere cattolici, cioè universali; ma si sperimenta altresì come lo Spirito che guida la Chiesa non è soltanto autore dell'unità, ma anche fonte della diversità espressa nelle diverse tradizioni.

In questo mondo così variegato e che comprende per la stragrande maggioranza musulmani (più del 99%), mi sto rendendo conto che offrire simpatia, cordialità, apertura è un modo per raggiungere il cuore delle persone che incontro. Penso che a volte siamo come tanti iceberg che vagano solitari in un mare gelido gelido. Ci vuole un po' di sole per scioglierli, ossia un po' di umanità. Lo dico soprattutto in rapporto al mondo turco che con noi purtroppo condivide una cosa: i pregiudizi. Pregiudizi legati a un senso di diffidenza, di paura del diverso, di antagonismi che vicende storiche e lotte religiose hanno mantenuto vive. Eppure vedo che, passando attraverso la stima, mostrando accoglienza e simpatia si arriva a creare rapporti cordiali. In fondo questo è stato il modo con il quale Francesco d'Assisi si è accostato a quanti incontrava: un calore umano accompagnato dalla coscienza che ciascuno, davanti a Dio, ha un valore inestimabile; e, al tempo stesso, un'umiltà nel capire che siamo chiamati a servirci superando quell'individualismo che ci porta a guardare soltanto a noi stessi nella fallace illusione che così si è più tranquilli e felici. Dico queste cose dopo il primo tempo passato in Turchia e dopo aver toccato con mano che se si offre un po' di at-

tenzione a quanti ci circondano si è ampiamente ripagati. E questo mi
conferma che la porta della felicità ha una sola maniglia ed è quella che
apre verso l'esterno, verso gli altri. Che senso ha la vita se non è spesa
per gli altri?

[...]

Ho iniziato il mio nuovo ministero con questa consapevolezza e
sempre più cosciente delle difficoltà che l'accompagnano: l'approfondimento della lingua turca che è meno facile di quanto pensassi, la conoscenza dei pochi cattolici sparsi in questo enorme territorio che sto
visitando, la ricerca di un dialogo fecondo con i fratelli ortodossi e con
il mondo musulmano, l'impegno di farsi conoscere ed accettare in un
mondo che, come accennavo, è talora diffidente o addirittura ostile verso i cristiani, e pure alcuni problemi di gestione economica che nella
precedente vita di docente non conoscevo.

Ho tuttavia fiducia di non essere solo. E – del resto – non lo sono
mai stato. Sia attraverso i miei confratelli che tramite tanti amici mi auguro e prego di avere sempre quel supporto di preghiera e di aiuto così
importante per essere presenti in un paese fondamentale per la storia
cristiana come è stata la Turchia. Ben a ragione è stata chiamata la 'terra santa' della Chiesa. È la terra di Paolo di Tarso, dell'evangelista Luca
di Antiochia, di Timoteo, di Biagio, di Nicola e di una miriade di santi
che ricordiamo nel nostro calendario; è la terra in cui per alcuni anni
è vissuta la madre di Gesù e dove è sepolto Giovanni, Filippo; la terra in
cui il cristianesimo s'è diffuso più rapidamente che altrove entrando a
contatto con le diverse culture e filosofie del mondo antico; è la terra
dove è nata buona parte del Nuovo Testamento, la terra dei primi sette
concili ecumenici, la terra che ha sperimentato una magnifica fioritura
di quel monachesimo che poi ha alimentato la cultura e la vita spirituale dell'Occidente cristiano. È pertanto un campo di lavoro immenso che
non riguarda soltanto il presente ma che si allarga anche alla salvaguardia delle memorie cristiane che là si conservano e che si estendono
anche al futuro. Quando il sabato e la domenica vedo i tanti bambini
turchi cristiani che vengono nelle nostre parrocchie il mio pensiero si
allarga al bisogno di dare o ridare vita ad una Chiesa di Turchia in cui

il cristianesimo non viene importato dall'esterno, ma fiorisce in questa terra come duemila anni fa.

Cari fratelli e sorelle, vi ho detto alcune delle cose che porto nel cuore in questo tempo.

Dinanzi a tanti impegni mi accompagni la vostra preghiera. Come dicevo nel giorno della mia ordinazione, sono divenuto vescovo attraverso l'imposizione delle mani, ma so che non sarò un buon vescovo senza l'aiuto e la preghiera di quanti ho incontrato e vado incontrando nella mia vita. Anche da vescovi abbiamo bisogni degli altri, anzi ancor più di prima. Non si va da soli in paradiso.

Per voi e per me la benedizione che Francesco indirizzava ai frati che mandava per il mondo: «Riponi la tua fiducia nel Signore ed Egli avrà cura di te» (1Cel 12,29).

Pordenone, 28 febbraio 2005

Pur non disponendo di tutte le omelie pronunciate da mons. Padovese nei tre cicli dell'Anno Liturgico, i testi raccolti in questa sezione ne seguono lo schema, a partire dai tempi forti, proseguendo con le domeniche del tempo ordinario, per concludere con le feste e le solennità.

Cari fratelli,

il Signore è vicino a chi lo cerca! Quante volte nella nostra vita abbiamo festeggiato il Natale, eppure ogni anno è come se fosse il primo.

Tutti abbiamo fatto l'esperienza di attendere una persona amata. Per accoglierla, ci facciamo belli, puliamo la nostra casa, prepariamo del buon cibo.

Anche per il Signore Gesù dobbiamo fare lo stesso: dobbiamo prepararci ad accoglierlo, purificare i nostri pensieri, riconciliarci con il nostro prossimo, mostrare più attenzione per i bisognosi.

Chi è venuto al mondo per mostrarci il suo amore, ora da noi chiede una cosa sola: che impariamo ad amare. Il senso del Natale sta nel ricordarci di continuo l'amore di Dio per noi poiché questo amore dura sempre, possiamo dire che ogni giorno è Natale.

Prepariamoci dunque a festeggiarlo. Colui che è nato per amore nostro, veda che il suo amore ha trovato in ciascuno di noi un cuore aperto e generoso.

Turchia, 18 dicembre 2005

III Domenica di Avvento - Anno C

Cari fratelli,
il Natale è ormai vicino e la liturgia ci invita alla gioia. Non è la gioia di avere più denaro, più successo, un buon posto di lavoro. È la gioia di sentire che Dio ci ama e che ciascuno di noi è importante per lui. Il senso della venuta al mondo di Gesù sta qui: nel sapere che Dio sta dalla nostra parte, è con noi. Non è il giudice severo che pesa le nostre azioni e che non perdona i nostri sbagli, ma è come un Padre buono che ci accetta così come siamo e ci chiede di vedere quanto ci ama. Quando vediamo questo amore, tutto diventa più facile. L'osservanza dei comandamenti diventa leggera perché non è vissuta come un obbligo, ma come una risposta a Dio che ci dice: vedi quanto ti amo? Tu, come mi ami?

Il Natale è per tutti noi cristiani un incontro con questo volto di Dio rivelato in Gesù. C'è però un altro incontro che possiamo avere tutti i giorni e tutte le domeniche. È l'incontro con Cristo che diventa nostro cibo nell'Eucarestia.

Noi sappiamo che il cibo serve a tenerci in vita. Il cibo si trasforma nella nostra carne e nel nostro sangue. Anche il cibo spirituale dell'Eucarestia serve a questo: a mantenerci vivi in Cristo, a farci diventare una cosa sola con lui.

Dobbiamo apprezzare questo dono di Dio. Non è un segno magico. Nel cristianesimo non c'è magia. Anche l'Eucarestia va vissuta come un incontro d'amore con il Signore Gesù.

Oggi, per la prima volta, Jan Bern riceverà il corpo del Signore. Noi preghiamo per lui e per tutti i bambini che, come lui, ricevono l'Eucarestia, affinché il Signore sia sempre con loro e li trasformi in sé, facendoli diventare veri cristiani, cioè portatori di Cristo.

Turchia, 17 dicembre 2006

IV Domenica di Avvento - Anno C

Cari fratelli,
ci separano ormai poche ore dalla festa del Natale. In genere quando si arriva nella vicinanza della festa, ci si prepara. Si fanno le compere, si organizza il pranzo, si fanno gli inviti.

Io credo che anche noi dobbiamo prepararci e poiché la festa riguarda il Signore Gesù, la nostra preparazione non dev'essere soltanto esteriore, ma deve trovarci pronti anche nel cuore.

Se vogliamo che il nostro Natale non sia soltanto una festa commerciale, mondana, occorre che ci disponiamo a celebrarlo così come il Signore vuole. Concretamente questo significa perdonare a chi ci ha fatto del male; aiutare chi è povero; dare una parola di conforto a chi è nella tristezza e nel dolore.

Cristo si è fatto nostro prossimo perché noi diventassimo più prossimi gli uni con gli altri.

Allora celebreremo veramente il Natale, quando miglioreremo il nostro rapporto con le persone che ci circondano e quando ci renderemo sempre più conto che Dio si è avvicinato a noi affinché noi ci avvicinassimo a Lui.

Turchia, 24 dicembre 2006

In preparazione al Natale

Carissimi fratelli,
sono lieto di poter augurare a tutti voi un buon Natale.
Mi fa particolarmente piacere celebrare questa festa qui con voi nella nostra chiesa di Mersin. Avevo promesso che sarei venuto presto, ed eccomi qui con voi.

Ora vi chiedo di vivere con me questo momento non come tributo ad una tradizione, come un fatto culturale, ma come un momento di preghiera e di ringraziamento per quello che Dio ha fatto e fa per ciascuno di noi.

Nel Natale noi cristiani ricordiamo che Dio ha scelto di condividere la nostra storia umana da compagno. È naturale credere a Dio come Onnipotente, mentre è difficile pensare che Egli si sia voluto abbassare fino a diventare un bambino debole e bisognoso di tutto.

Dinanzi a questo mistero c'è una sola spiegazione possibile: l'amore.

Chi è Onnipotente, lo è anche nell'amore; e come noi non possiamo mettere limiti all'onnipotenza di Dio, così non possiamo metterli neppure al suo amore per noi.

Spesso misuriamo Dio a partire dal nostro concetto di giustizia, di misericordia, di bontà, cioè misuriamo Dio a partire da noi stessi. Eppure Dio non è così e il suo amore non va prima capito e poi accolto. Soltanto chi lo accoglie, lo capisce. Come scriveva Ignazio, uno dei primi vescovi di Antiochia: «Occorre credere nell'amore».

Fratelli, accogliamo la nascita di Cristo come la proclamazione che Dio ci ama più di quanto possiamo pensare e sperare.

Ma non dimentichiamo che non ama soltanto noi.

La scelta di farsi uomo significa interesse per ogni uomo.

La scelta di farsi debole ed indifeso come un bambino significa che egli sta dalla parte dei deboli e degli indifesi.

La scelta di morire da innocente sulla croce significa volontà di condividere il destino con quanti soffrono ingiustamente.

C'è una parola che spiega e riassume tutta la vicenda umana di Gesù. La parola è: *condivisione*. Lo ripeto: Dio non ha paura di sporcarsi le mani venendo tra gli uomini che ha creato. È vero, siamo povere ed insignificanti creature, eppure, come dice Gesù nel vangelo, «persino i capelli del vostro capo sono tutti contati». Ciascuno di noi non è frutto del caso, ma è scelto, voluto e amato da Dio e il Natale ce lo ricorda, come ci ricorda che per essere fedeli a Dio dobbiamo fare come lui: condividere. Questo è il contrario di quanto sta avvenendo oggi dove la società industriale riduce il senso di solidarietà e di socialità.

Al contrario, condividere significa entrare nella situazione dell'altro, tenere gli occhi aperti sulle sue sofferenze, sulla ingiustizia di cui è vittima. Tanto per fare un esempio, non illudiamoci che la risoluzione dei problemi sociali sia legata alla sola giusta distribuzione delle ricchezze. Essa si ha con una crescita dello spirito di solidarietà che si ottiene vedendo ogni uomo come una parte di me, a prescindere dalla sua appartenenza a popolo, cultura o religione diversa.

Chi vuole rimanere nello spirito di Gesù sa che il criterio di valore delle persone è indipendente dalla loro appartenenza sociale o religiosa, ma proviene dall'incommensurabile importanza che ognuno di noi ha per Dio, come ci conferma la nascita di Gesù. Da qui scaturisce il nostro impegno di solidarietà e di attenzione per i più deboli. Ricordiamoci che chi è nel bisogno non ha bandiera, o meglio, le ha tutte.

Fratelli, credo che quanto più ci avvicineremo al mistero di Cristo, tanto più ci avvicineremo gli uni agli altri. I due aspetti non si possono sciogliere. E la celebrazione del Natale è qui per ricordarcelo. Coraggio e auguri a voi ed a tutti i fratelli musulmani che questa notte si uniscono qui alla nostra preghiera.

Insomma la celebrazione del Natale non ha il solo scopo di farci ricordare quanto è avvenuto; non è un rivedere nella fede. È qualcosa di più: è un ri-vedere per scegliere; un essere presente per modificare, per migliorare. La festa cristiana dunque trasferisce nell'oggi' un evento del passato, ce lo rende presente perché questa presenza trasformi la nostra vita. Vi è perciò un legame inscindibile tra culto cristiano e vita, e ogni festa della Chiesa costituisce, o perlomeno dovrebbe costituire, un 'momento decisionale'. Un culto che non ha rispondenza, che non ha riverberi nella vita è un culto pagano.

È a partire da questa idea cristiana di 'culto' non come un momento chiuso, non come un episodio staccato dalla vita, che è emerso il bisogno di prepararsi alla festa, al momento decisionale che ogni festa rappresenta mediante questo periodo di preparazione che chiamiamo 'avvento'.

Il Natale è dunque festa. Ma cos'è la festa? È un attualizzare per godere e per scegliere.

E come si arriva alla scelta? Con atteggiamenti particolari di spirito e con dei gesti concreti. La festa cristiana, allora, non si improvvisa. Non è questione di pochi momenti liturgici. Essa si prepara con la vita, si nutre di vita e si traduce in vita.

Questa connessione è ben avvertita anche in Quaresima, dove la celebrazione del mistero pasquale, preparata con dei gesti concreti, termina con una professione d'identità da parte dei cristiani, ovvero, con il rinnovo delle promesse battesimali.

Ma, a Natale, quale atteggiamento dobbiamo portare? Che cosa dobbiamo rinnovare? In che cosa dobbiamo impegnare la nostra volontà e il nostro agire? La nascita di Cristo uomo a mio avviso ci sollecita, ci stimola a una maggiore attenzione per l'uomo che ci vive accanto, per la sua realtà, per i suoi bisogni. Il Natale ci invita insomma alla fedeltà all'uomo per il quale Dio ha scelto d'essere uomo.

Come prepararci allora al Natale di Cristo uomo? Anzitutto riconoscendo la realtà dell'altro e quindi uscendo da quell'individualismo che porta a guardare soltanto a noi stessi, e poi attraverso la pratica di una giustizia, che non consiste nel dare all'altro ciò che strettamente gli spetta, ma ciò di cui ha bisogno. Nessuno ha diritto al nostro sorriso, nessuno ha diritto a un nostro gesto d'amicizia, nessuno ha diritto a un segno di cortesia, eppure quanti si aspettano da noi questo tipo di giustizia cristiana? «Chi ha due tuniche, ne dia una a chi non ne ha... non maltrattate nessuno e non estorcete niente a nessuno».

Paolo nella lettera ai Filippesi aggiunge qualcosa di più quando collega l'affabilità alla venuta del Signore: «La vostra affabilità – dice –

sia nota a tutti gli uomini. Il Signore è vicino» (Fil 4,5). Propriamente questa affabilità o *epieikeia* come la chiama Paolo, è l'indulgenza, la dolcezza, la mitezza. Anche attraverso questo atteggiamento si prepara la venuta del Signore e, forse, guardandoci dentro possiamo trovare nella nostra vita degli spazi privi di questa virtù o persone alle quali la nostra *epieikeia* non arriva. Eppure questa virtù è vera se abbraccia tutti, se tutti comprende, se nessuno esclude.

Preparare il Natale nei fatti: ecco la sollecitazione che ci proviene da questa domenica d'avvento. Preparare il Natale con un'accresciuta attenzione all'uomo perché nel celebrare il mistero del Dio fatto uomo noi ci sentiamo e siamo più vicini ad ogni uomo.

Mersin, Turchia, dicembre 2005

Nell'imminenza del santo Natale

Cari fratelli,

sono felice di essere tornato a Mersin per incontrarvi e assicurarvi che vi ho ben presente sia nella preghiera che nei miei interessi.

Ormai è trascorso oltre un anno dal mio arrivo in Turchia. In questo tempo ho visitato tutte le nostre comunità, ho cercato di conoscere persone, situazioni, problemi e mi rendo conto che c'è ancora molto da fare.

Anche se a distanza, ho avvertito la tristezza di molti di voi per lo spostamento del caro P. Gregorio che in questa comunità ha trascorso 36 anni, dando molto di sé per la nostra parrocchia. Il bene che vi ha voluto e che ha fatto non è perduto con il suo spostamento.

D'altra parte so che avete accolto con simpatia il caro P. Yunus che vi ha portato il suo entusiasmo giovanile, la sua voglia di trasmettere il vangelo e di aiutarvi a tradurlo in vita. Considerate anche lui come un dono che il Signore ha fatto alla comunità di Mersin.

Dopo questo primo anno che ho trascorso in Anatolia, forse vi chiederete: come si sente il vescovo? È contento di stare qui?

Rispondo subito: ritengo un dono di Dio essere tra voi. Amo la nostra Chiesa d'Anatolia e voglio servirla sino alla fine.

Come già accennavo, ci sono stati dei problemi: ho dovuto far fronte ad una situazione economica difficile che mi ha costretto a recarmi spesso in Italia per cercare aiuti; ho dovuto prendere una decisione sofferta chiudendo la chiesa di Adana, per affermare un diritto riconosciuto dallo stato, ma non applicato; ho avuto troppo poco tempo per studiare il turco e per poter parlare con voi, senza bisogno di un interprete.

Accanto a questi problemi, ci sono state però tante soddisfazioni. Una prima sta nel constatare la presenza di buoni collaboratori che quest'anno mi hanno aiutato con generosità e disinteresse. Senza queste persone, sacerdoti, suore, laici non avrei potuto fare molto.

Con loro abbiamo sistemato la casa di Sogokoluk per ospitare le nostre famiglie, i giovani e i gruppi che vi vogliono andare. Abbiamo rinnovato la chiesa d'Iskenderun che ora è veramente dignitosa; inoltre abbiamo dato vita al piccolo giornale della nostra Chiesa, perché siate informati di quanto si sta facendo.

Vi dico queste cose perché vi sentiate incoraggiati nel vostro impegno cristiano: la nostra Chiesa di Anatolia è una Chiesa viva!

Come vi scrivevo nella lettera pastorale di qualche settimana fa, è importante che abbiamo coscienza della nostra identità di cristiani. È un dono essere cristiani in Turchia oggi, ed è una grazia appartenere a questa Chiesa che è l'erede delle prima Chiesa cristiana.

Non lasciamoci scoraggiare dalle difficoltà che ci sono e che rappresentano un'occasione per provare la profondità della nostra fede e il nostro amore per Gesù Cristo.

Come vi consigliavo, leggete la prima lettera di Pietro alle comunità cristiane dell'Anatolia. È una lettera che vale anche per noi oggi.

Al termine di queste poche parole, vorrei confermarvi un'altra volta che sono vicino a tutti voi. Sentite che il vescovo è qui con voi ed è qui per voi.

Con la mia benedizione vi accompagni anche l'augurio di un santo Natale.

Cristo è nato per noi. Alleluja!

Mersin, Turchia, dicembre 2005

Natale 2004

Cari fratelli e sorelle,

è il primo Natale che passiamo assieme e sono felice di trascorrerlo con voi.

Per anni ho vissuto questa festa con la mia famiglia, ora il Signore mi ha dato una nuova famiglia e siete voi.

Voglio anzitutto dirvi grazie per la partecipazione così sentita alla mia ordinazione episcopale. La vostra calorosa accoglienza mi ha fatto sentire subito bene. Da parte mia vi dico che io pure sono felice di essere qui con voi e per voi. Ho bisogno soltanto d'imparare il turco per potervi conoscere e perché possiamo meglio capirci. Abbiate pertanto un poco di pazienza con me e sappiate che se ancora non parla la lingua, parla però il cuore.

Chi oggi parla del Natale può dare a questa parola significati diversi: Natale è la festa della nascita di Cristo, la festa dei bambini, la festa della famiglia che si ritrova, la festa dei regali che diamo e riceviamo. In questa celebrazione sembra non ci sia nulla di nuovo: il Natale ritorna tutti gli anni. È un fatto scontato che non produce stupore così come è scontato e non produce stupore il fatto che Dio sia divenuto uomo per noi. È avvenuto duemila anni fa e basta. Eppure, quella nascita non è un episodio chiuso, ma ha dato e continua a dare alla storia dell'uomo un senso, un perché, un domani. Ricordare il natale di Cristo e celebrarlo significa anzitutto credere che la sua venuta è in rapporto al nostro esistere. E, da questo punto di vista, che Egli sia nato 100 o 1000 o 10000 anni fa, non ha importanza. Certo, per chi non crede o crede poco, importa il fare festa ma non interessano i motivi che l'hanno prodotta e il Natale è come una delle tante feste civili o religiose che ci regalano un po' di tempo libero e meno traffico nelle nostre città. Eppure per noi cristiani mettersi dinanzi al mistero della umiltà di Dio che sceglie la strada della povertà e dell'impotenza per rendersi presente a noi e per salvare l'uomo non è mai così naturale da non creare stupore, e anche gioia. È infatti soltanto pensando che Dio è amore, che si può accogliere e credere nel mistero dell'incarnazione che, tutto sommato, esprime la solidarietà di Dio con ciascuno di noi. Come diceva un giorno S. Agostino: «Noi non potevamo vederlo (come Dio), si è fatto quindi debole per la nostra debolezza; per mezzo della sua debolezza ha guarito la nostra; per mezzo della sua carne mortale ha strappato la morte dalla carne; del suo corpo ha fatto un collirio per i nostri occhi» (S. 35, in Gv 8,13-14).

Per chi coglie il senso di questo evento la festa del Natale che ritorna tutti gli anni è un'occasione per confermare la propria fede, non soltanto in Dio, ma in questo particolare volto di Dio che sceglie di diventare uomo per esprimergli quell'interesse, quella solidarietà, quell'amore di cui ciascuno di noi ha bisogno. Per questo, dinanzi al bambino di Betlemme noi non siamo presenti come il bue e l'asino e neppure come i pastori che non capiscono quanto sta accadendo, ma siamo presenti come coloro che già credono in lui e davanti a lui vogliono rinnovare la loro fedeltà. Ci si mette davanti al presepio per dire "sì" a quanto esso ricorda, e per dirlo non soltanto con la lingua e con le parole, ma con il cuore e con i fatti. Attenzione – ammirazione – amore – azione. Queste quattro parole raccolgono il cammino che siamo invitati a percorrere dinanzi al mistero del Natale: attenzione a quel che significa il fatto che Dio divenga uomo, e non semplicemente uomo, ma anche debole, povero, insignificante, dipendente dagli altri. Ammirazione perché mai avremmo potuto sperare di essere così importanti per Dio. Amore perché quanto chiede da noi Dio è l'amore di chi si scopre amato. Azione, perché l'incarnazione di Dio non è sogno e fantasia, ma concretezza, realtà e un'indicazione di come vivere e operare.

La festa del Natale che siamo invitati a celebrare è dunque un'occasione per scegliere o per ravvivare la nostra fede; è il momento opportuno per impegnarsi a rinnovare a Dio quella promessa di fedeltà che nasce non per forza, per interesse o per paura, ma semplicemente dinanzi alla debolezza di Dio che si rivolge a noi come un bambino indifeso e a noi chiede anzitutto la capacità d'intenerirci, di vincere le durezze del nostro cuore e di capire che ci sono altri bambini come lui che aspettano la nostra attenzione, il nostro amore, il nostro aiuto.

Le particelle elementari si attraggono;
gli atomi formano legami chimici;
da singole cellule nasce l'umanità.
In tutte le fasi dell'evoluzione sussiste la meta eternamente uguale
di diventare, mediante l'unione, parte di un 'più grande'.
La disponibilità all'integrazione è la forza primordiale di ogni sviluppo:
a livello umano viene chiamato 'amore'.

Se cerchiamo i segni dell'amore di Dio li troviamo nella creazione che è come una lettera attraverso la quale Dio ci parla. Ma i segni dell'amore di Dio li troviamo anche nell'amore che, essendo amore divino, è un amore senza limiti, senza confine, un amore onnipotente è l'amore che sta alla base della creazione, l'amore che sta alla base dell'evoluzione. L'amore che si diffonde.

Ma non si tratta soltanto di ricordare quanto è avvenuto 2000 anni fa.

[...]

Iskenderun, Turchia, 25 dicembre 2004

Natale 2006

Cari fratelli,

che cosa sarebbe la nostra vita senza speranza? Possiamo dire che la speranza è come il motore che ci permette di muoverci e di andare avanti. Eppure, se guardiamo alla nostra vita, vediamo che sono diversi i modi del nostro sperare. C'è chi spera di vivere meglio, di avere più denaro; c'è chi spera di avere più tempo libero; chi spera di stare bene. Tutti sperano in qualcosa. Per noi cristiani, accanto a queste giuste speranze umane, ce n'è una che è più importante di tutte: è la speranza che viene dalla nascita di Cristo.

Gli uomini hanno sempre sperato in un profeta, in un salvatore che annuncia la salvezza. Noi riconosciamo che questo Salvatore ci è stato dato in Gesù. Per la fede cristiana egli non soltanto annuncia la salvezza, ma ce la offre nella sua persona.

I nostri fratelli musulmani credono che Gesù sia profeta; noi crediamo che sia figlio di Dio, non nel senso carnale, ma nel senso che appartiene alla sua essenza e da Lui proviene. Eppure, sia per i musulmani che per i cristiani una cosa è chiara: se Dio ha mandato a noi Gesù, vuol dire che s'interessa di noi. E se ha questo interesse, significa che non gli siamo indifferenti, ma che anche, anzi, egli ci ama.

Cosa è allora il Natale se non la celebrazione dell'amore di Dio per ogni uomo? È un amore che si è fatto carne e che ci ricorda che Dio è con noi, Dio è per noi. Egli continua ad essere l'onnipotente, ma nella nascita di Gesù ci mostra che è anche onnipotente nell'amore.

Cari fratelli, la tentazione che abbiamo spesso, è quella di misurare Dio con un metro umano, rinchiuderlo nei confini del nostro pensiero. Guardiamo alla storia: ancora oggi ci sono terroristi che uccidono nel nome di Dio e altri che li combattono nel suo nome. Tutti invocano Dio e questo mostra quali implicazioni pratiche contraddittorie si dicano nel riferirsi a Lui.

Dove sta Dio se ciascuno usa il Suo nome per sostenere la sua idea o, addirittura, la sua ideologia?

Nella legge che Mosè ha ricevuto sul Monte Sinai c'è anche un comandamento che dice «Non nominare invano il nome di Dio» (Dt 5,11). Questo significa: non usare il mio nome per i tuoi fini; non fare di me uno strumento per ottenere quello che vuoi.

Certo, per noi cristiani la nascita di Gesù è e rimane un segno chiaro che Dio ama ogni uomo, anche il più piccolo ed insignificante. Questa è la verità che siamo invitati a riconoscere e a praticare nella nostra vita. Come scriveva il mistico Yunus Emre in una sua poesia: «È necessario guardare con mille occhi chi il Signore Iddio ha colmato del Suo sguardo. Quando penso a chi da Lui è stimato, come posso disprezzarlo io?».

Viviamo dunque questa festa del Natale come un'occasione per fare pace tra noi perché questa è la volontà di Dio.

Gli angeli, alla nascita di Cristo, hanno cantato «Gloria a Dio nell'alto dei cieli e pace in terra agli uomini di buona volontà».

Che questa sia anche la nostra preghiera di questa notte: «Gloria a Dio nell'alto dei cieli e pace in terra agli uomini di buona volontà» (Lc 2,14).

Turchia, Natale 2006

Natale 2007

Cari fratelli,
Vi saluto con cordialità e sono lieto di vivere con voi questa celebrazione.

Se ci guardiamo in giro, soprattutto in Europa e in America vediamo come la festa del Natale sia rivestita di poesia. E già questo fatto è significativo. Dinanzi ad una vita che spesso è soltanto prosa, senza colore, senza fantasia, la festa del Natale lascia emergere sentimenti di umanità, di compassione, di tenerezza.

La festa del Natale fa uscire il bambino che è dentro di noi il quale, seppure per poco tempo, dimentica gli affanni del vivere, le preoccupazioni, le tensioni e si immerge in un mondo diverso.

Diceva un antico filosofo nato qui in Turchia 2000 anni fa: «Non sono le cose a turbare, ma il nostro modo di valutarle». Ebbene, penso che il senso del Natale sia proprio quello di farci guardare alla realtà, di valutarla da un altro punto di vista e con occhi diversi.

Per avere questa nuova visione scopriamo allora il senso profondo del Natale. Questa festa si è rivestita di poesia, ma la poesia nasconde spesso delle verità profonde. La poesia non parla soltanto attraverso la ragione ma anche attraverso il cuore. Se dunque vogliamo capire il messaggio del Natale, ricordiamoci che con la sola ragione non possiamo penetrarlo. Qual è allora il senso ed il messaggio del Natale? È sapere che Dio ci ama, ciascuno singolarmente. E non soltanto ci ama come potremmo amare noi o un po' più di come potremmo amare noi, ma ci ama da Dio, cioè come Dio può amare, ossia con un amore infinito.

Pensate come si potrebbe illuminare la vita, se ciascuno di noi avesse in sé questa convinzione: se una persona insignificante, povera, dimenticata da tutti, portasse dentro di sé questa certezza: Dio mi ama!

Cari fratelli, questo è il senso del Natale che non vale soltanto per noi cristiani, ma per ogni uomo, dal momento che attraverso Gesù e in Gesù ogni uomo può sentirsi amato da Dio. La festa del Natale sta proprio in questa rivelazione.

Non soltanto noi cristiani pensiamo che Dio ami l'uomo, molti altri lo pensano, eppure attraverso la nascita di Cristo noi abbiamo anche la misura di questo amore che è inaspettato, perché non è meritato, conquistato, ma è gratuito ed è veramente infinito.

Cari fratelli, teniamo in noi questa certezza. Sia essa il fuoco che alimenta la nostra vita in momenti di solitudine, di paura, di tristezza.

Dio è veramente Emmanuele, cioè Dio con noi.

AUGURI!

Turchia, Natale 2007

Natale 2008

Saluto iniziale
Cari fratelli,
vi accolgo con un augurio di bene. Il Signore che è venuto per annunciare la pace, per unire quanti sono divisi, per guarire i nostri cuori dalla tristezza e dalla disperazione, sia con voi.

Cari fratelli,
sono felice di salutarvi questa notte. Avete fatto il sacrificio di rinunciare a qualche ora di sonno per festeggiare la nascita di Gesù che ha dato alla nostra vita un senso ed una speranza.

Saluto anche i fratelli musulmani che partecipano alla nostra gioia. Quello che ci unisce a loro è la constatazione che Dio, attraverso i suoi profeti, ci indica la strada da percorrere e quindi ha interesse per l'umanità che ha creato. Per essi Gesù è il grande profeta inviato per parlarci di Dio ed in nome di Dio. Per noi Cristo è l'espressione umana dell'amore di Dio, anzi il Dio-con-noi, l'Emmanuele.

Quanto accomuna noi e loro è pertanto la certezza che Dio ci ama e non ci abbandona.

Nella persona umana di Gesù noi possiamo capire che cosa significa che Dio è "onnipotente e misericordioso". In lui possiamo anche intendere chi è Dio e che cosa Egli si aspetta da noi.

È onnipotente perché non c'è limite alla sua potenza, ma non c'è limite neanche alla sua misericordia. Anzi Dio non è misericordioso, ma è misericordia; Dio non ama, ma è amore. È questo il mistero del Natale che celebriamo. Quello che umanamente pare impossibile, diventa possibile, ma ciò lo si intende se non ragioniamo soltanto con la mente, ma anche con il cuore perché il cuore spesso capisce meglio e prima dell'intelligenza.

Per intendere il mistero di Dio la ragione non basta, ci vuole cuore. È questa l'esperienza dei primi discepoli di Gesù, dell'apostolo Paolo, ma anche l'esperienza dei mistici musulmani della nostra terra come Rumi Yalal al-Din e Yunus Emre.

Se non si comprende anche con il cuore, non potremo mai penetrare il mistero di Dio. La prova per noi cristiani è data dall'incarnazione di Cristo.

Che senso ha che Dio divenga uomo? È proprio necessario? Non ci sono altri modi per aiutare gli uomini senza abbassarsi fino a loro? Perché è venuto così tardi e non agli inizi dell'umanità? Perché è nato come un povero ed è morto sulla croce come un delinquente?

Queste domande hanno trovato la loro risposta nella riflessione dei pensatori cristiani. Eppure la risposta ultima è nella nuova immagine di Dio che Cristo ci presenta attraverso la sua nascita, vita, morte e resurrezione. Noi cristiani non potremo mai arrivare a Dio se non attraverso Gesù. Comprendere chi Egli è, e quanto Egli ha fatto, è un modo per avvicinarci al mistero di Dio.

Ad esempio, il suo divenire povero tra i poveri serve a mostrare che, davanti a Dio, gli ultimi non sono meno importanti dei primi. Anzi, gli ultimi sono i primi. I criteri umani di ricco e povero, uomo e donna, nobile e plebeo, istruito e semplice per Lui non contano nulla. La società divide gli uomini in classi e così li separa. Cristo ci ricorda che siamo tutti uguali e tutti importanti. Anzi, per Lui conta di più chi ama di più.

Il suo condividere l'esperienza umana in tutti i suoi aspetti, eccetto il male ed il peccato, indica l'importanza della solidarietà, della compartecipazione, della compassione. Nell'entrare dentro la nostra storia Dio ha scelto di non essere semplice spettatore, ma anche attore. Non si limita ad indicarci la strada, ma la percorre con noi e prima di noi. È guida perché modello. È amico, compagno, colui che umanamente conosce l'esperienza della solitudine, del dolore, perché nessuno possa più sentirsi solo e perché il suo dolore abbia un senso.

Cari fratelli, questa solidarietà di Cristo, espressa attraverso la sua nascita, è un messaggio per ciascuno di noi. Viviamo in un momento di particolare crisi che probabilmente crescerà nei prossimi mesi, come sta già crescendo in altre parti del mondo. I prezzi aumentano, l'inflazione cresce, i giovani non trovano lavoro, aumentano i disoccupati ed aumenta il numero dei poveri che fanno fatica ad andare avanti. È un'illusione pensare che la risposta a questa crisi si avrà soltanto attraverso le riforme economiche, con la crescita della produzione industriale, con l'incremento degli investimenti esteri e attraverso l'aiuto dei 20/25 miliardi di dollari che il Fondo monetario internazionale dovrebbe dare alla Turchia.

Queste misure possono aiutare, ma non possono risolvere i problemi del nostro paese. Per risolverli occorre anche una maggiore consapevolezza di solidarietà, di condivisione, di attenzione ai più poveri. Purtroppo la società dei consumi crea una mentalità individualistica che concentra le persone su se stesse e impedisce di pensare agli altri.

A noi cristiani oggi è presentato Cristo che nasce povero da poveri. Non dimentichiamo il messaggio che c'è in questa sua scelta. Avrebbe potuto nascere in un palazzo reale, all'interno di una famiglia ricca, invece sceglie di nascere in una grotta.

Cari fratelli, il Natale sta qui: nel renderci coscienti di quanto Dio in Cristo ci ama, ma anche nel renderci più solidali tra di noi e più attenti ai poveri nei quali Gesù vuole essere incontrato: «Ho avuto fame e mi avete dato da mangiare, ho avuto sete e mi avete dato da bere, ero straniero e mi avete accolto, nudo e mi avete vestito, malato e mi avete visitato, ero in carcere e siete venuti a trovarmi» (Mt 25,35-36). Queste parole di Cristo non hanno bisogno di commento, ma ci dicono che cosa Dio si aspetta da noi. La festa del Natale ci aiuti a comprenderle sempre meglio e a realizzarle nella nostra vita.

Iskenderun, Turchia, 19 dicembre 2008

Natale 2009

Introduzione

Cari fratelli,

il mio saluto cordiale a tutti voi, a incominciare dal Signor Sindaco e da tutti i fratelli musulmani che oggi condividono con noi la gioia del Natale.

È bello ritrovarsi assieme questa sera. Andare negli stessi luoghi, partecipare agli stessi avvenimenti, condividere gioie e dolori, significa che abbiamo qualcosa in comune.

Quanti vanno allo stadio possono fare il tifo per squadre diverse, ma è comune la passione per lo sport. Anche noi, cari fratelli, siamo diversi, eppure prima della diversità c'è l'unità. Sono molte di più le cose che ci uniscono che quelle che ci separano. Cerchiamo le prime e non accentuiamo le seconde.

Questa sera quello che ci unisce è il ricordo della nascita di Gesù che è un dono di Dio per tutta l'umanità, cristiani e musulmani.

Ringraziamo Dio perché in Gesù ci ha donato la testimonianza che Egli ha cura di tutti gli uomini. Iniziando questa celebrazione riconosciamo che tutti abbiamo bisogno del suo perdono.

Carissimi,

è tradizione che in occasione del Natale ci scambiamo gli auguri. La gente in genere dice: "Auguro un buon Natale, un felice Natale". Spesso, però, questo nostro augurio manca di contenuto e si ferma soltanto a vuote parole.

C'è allora da chiedersi che cosa vogliamo dire a chi ci incontra con l'espressione "buon Natale". Significa, forse, augurare di essere felici, di non avere problemi economici, di avere armonia in famiglia e fuori? Oppure l'augurio significa qualcosa d'altro?

Per capire che cosa vuol dire "buon Natale", occorre capire che cosa è il 'Natale'. Questo, certo, lo sappiamo: è il ricordo della nascita di

Gesù. Anzi, più del ricordo è il momento in cui rendiamo presente nella nostra vita questo evento. Celebrare il Natale è un po' come celebrare un compleanno in cui si fa festa ad una persona che amiamo e che è entrata nella nostra vita. Non è soltanto ricordo di quanto è avvenuto negli anni passati, ma è ricordo che ci tocca da vicino.

Cari fratelli, se allora auguriamo un buon Natale a qualcuno è come se dicessimo: che Gesù nasca in te. In effetti, egli è nato da oltre 2000 anni, eppure *se non è nato in te*, se non è presente nella tua vita e non lo senti presente nei momenti della prova, della fatica e del dolore è come se non fosse mai nato.

Voi tutti sapete che il rischio più grande che le nostre società corrono è proprio quello della indifferenza rispetto a Dio. Sono ben pochi quelli che dubitano della sua esistenza, ma stanno aumentando quelli che vivono come se Dio non ci fosse. Per questo quando io dico a voi cristiani "buon Natale" vi faccio l'augurio che Dio sia sempre presente nella vostra esistenza e non soltanto quando si ha bisogno del suo aiuto.

Vivendo ormai da cinque anni in Anatolia conosco i problemi di molti di voi, le sofferenze, le difficoltà di una vita che non è priva di prove fisiche e morali. Spesso sono i rapporti umani che ci fanno soffrire perché se ci portiamo dentro il desiderio di stare in pace e in comunione con tutti, capita che ci separiamo gli uni dagli altri.

Voi sapete che ogni vescovo, quando viene eletto, deve scegliere una frase che accompagna il suo ministero. Io, quando ho lasciato Roma per venire tra di voi, ho scelto questa frase "fare la verità nella carità". Vorrei che questa espressione non accompagnasse soltanto me, ma ciascuno di voi, anzi vorrei che insieme ricercassimo di fare verità nella carità. Mi direte: "che cosa significa?". È semplice: ciascuno di noi pensa sempre di avere ragione in tutto quello che fa e dice. È normale. Eppure la carità serve a far capire che c'è un altro metro per misurare i nostri rapporti con gli altri. E il metro non è: "Io ho ragione, lui ha torto", ma "io credo di avere ragione, lui però è mio fratello e io devo amarlo". Non troverete mai una madre che condanni il proprio figlio che ha sbagliato. Cercherà sempre di accoglierlo, di comprenderlo, di giustificarlo. Non fa così anche Dio con ciascuno di noi? E se lui lo fa con noi, certo vuole che noi lo facciamo con chi ci sta attorno. Insomma si tratta di dare quello che ogni giorno riceviamo da Lui: accoglienza, perdono, misericordia. È per questo che Gesù è nato.

Cari fratelli, ricevete allora il mio augurio di buon Natale come un invito a riscoprire l'amore di Dio che non meritiamo. Quando direte alle persone che incontrate "buon Natale", dite anche nel vostro cuore: "Che Gesù nasca di nuovo dentro di te e illumini la tua vita". È questo l'augurio più bello che potete fare.

Iskenderun, Turchia, Natale 2009

Introduzione
Cari fratelli,

oggi la nostra comunità è in festa perché ricordiamo che il Signore è venuto tra di noi, ma è in festa anche perché alcuni dei nostri giovani lo incontreranno attraverso l'Eucarestia che ricevono. Vogliamo essere vicini a ciascuno di loro e chiediamo al Signore che questo incontro con il corpo ed il sangue del Signore li unisca sempre di più a Lui e anzi li trasformi in lui.

(Questa aggiunta è per ADANA).

Questo augurio, cari ragazzi, vale soprattutto per voi che oggi ricevete per la prima volta il corpo ed il sangue del Signore. Se Gesù non vi avesse voluto bene oggi voi non sareste qui. Accoglietelo allora dentro di voi e ditegli grazie perché ha offerto il suo corpo ed il suo sangue per stare vicino a voi.

Quando si vuole bene a qualcuno che cosa si desidera se non di vivere con lui, di averlo come compagno, amico? Ecco, Gesù è vostro compagno, amico. Egli vi sarà sempre vicino, ma occorre che voi pure gli stiate vicino e questa comunione che ricevete è il segno di questa vicinanza.

Cari ragazzi, oggi la nostra piccola comunità di Adana è felice per voi e prega perché l'incontro di oggi con il Signore Gesù illumini tutta la vostra vita.

Adana, Turchia, Natale 2009

Festa della Santa Famiglia

Cari fratelli,
quest'anno la festa della Famiglia di Nazareth coincide con l'ultimo giorno dell'anno.

La nostra vita è nelle mani di Dio e credo che alla fine di ogni anno la nostra preghiera debba rivolgersi al passato e al futuro.

Al passato, ringraziando Dio che ci ha dato il dono di vivere. È vero che questo dono a volte è difficile. Le preoccupazioni, i problemi di diverso tipo, fisico, economico, relazionale a volte c'impediscono di guardare alla vita come ad un dono. Alcuni le considerano piuttosto come un peso da sopportare. Eppure occorre capire che, se noi portiamo questo peso con il Signore, esso ritorna ad essere dono.

Spesso la fonte della nostra sofferenza sta nel fatto di viverla da soli, nel non essere compresi, aiutati, sostenuti. Si capisce, allora, quanto è importante essere famiglia, cioé persone che condividono, che sanno piangere e gioire assieme.

La società odierna crea individui che sono sempre più soli e questo va contro il disegno di Dio che ha creato la famiglia perché l'uomo non sia solo.

Oggi la nostra preghiera si allarga anche al nostro futuro. Facciamo tanti progetti nella nostra vita ed è giusto che sia così.

Eppure, ogni progetto deve terminare con la preghiera che Gesù rivolgeva al Padre: «Padre, non la mia, ma la tua volontà sia fatta» (Lc 22,42).

Se crediamo veramente che Dio è Padre e ci ama, l'atteggiamento che da cristiani dobbiamo avere è quello di un abbandono fiducioso nelle sue mani.

Dio sa qual è il nostro vero bene. Fidiamoci di lui e chiediamo che sia Lui ad orientare il nostro futuro.

Turchia, 31 dicembre 2006

Solennità della Madre di Dio

Carissimi fratelli,
la prima giornata del nuovo anno è quasi terminata.

Abbiamo festeggiato insieme questo inizio e assieme vogliamo anche vivere il nuovo anno. Ci siamo scambiati gli auguri. Riceviamoli e diamoli non come un semplice saluto ma come una benedizione.

Il significato della nostra vita sta proprio qui: nell'essere una benedizione per le persone che ci incontrano.

Diamo a quanti si avvicinano a noi, quanto noi per primi abbiamo ricevuto. Dio ci ha donato il suo amore, il suo perdono, la sua pazienza.

Noi pure diamo pazienza, perdono e amore e facciamolo con le parole di San Francesco:

Il Signore ti benedica e ti protegga
Rivolga su di te il suo volto
E ti doni la sua pace
Il Signore sia sempre con te.

Turchia, 1 gennaio 2007

Solennità dell'Epifania

Cari fratelli e sorelle,
a tutti un cordiale augurio di bene. Ringrazio il signor Cardinale Meisner per il cordiale invito a celebrare con voi la festa dell'Epifania.

Nell'antichità s'è localizzata la terra di provenienza dei re magi nella Caldea, ossia nella patria degli indovini e degli astrologi e ora parte del territorio di cui sono vescovo. Anch'io come loro e con loro posso oggi dire "sono venuto ad adorare il Signore Gesù", ma non a Betlemme, bensì nel vostro duomo di Colonia.

Può sembrare che la vicenda narrata da Matteo di questi tre saggi rivesta il carattere di favola. Eppure, al di sotto dei fatti narrati, c'è un messaggio sempre valido, presentato non attraverso concetti, ma attraverso vicende e personaggi. In questo senso coloro che oggi vengono ricordati nel vangelo odierno sono figure emblematiche o 'tipi' del comportamento umano dinanzi al mistero di Cristo. Essi non sono soltanto fotografati nella loro storicità, ma nell'intenzione dell'evangelista sono personaggi che ci interrogano e ci sollecitano ad una risposta: tu da che parte stai, a chi vuoi essere simile?

In effetti, come Cristo nasce ogni giorno, così ogni giorno nascono nuovi pastori, nuovi scribi e sommi sacerdoti, nuovi Erode e nuovi magi. I pastori sono la gente semplice che è ritenuta impura e non appartenente al popolo eletto, eppure essi sono i primi a ricevere l'annuncio della nascita del Salvatore.

Sommi sacerdoti e scribi sono espressione dell'immobilismo spirituale. Sanno dove nascerà il messia, ma è come se non sapessero; annunciano agli altri ma non accolgono in sé. Esprimono così un sapere disancorato dalla vita e la verità della parola di Dio, che ben conoscono, non li tocca minimamente.

Erode è la figura dello scaltro politico che vede tutto nell'ottica dell'interesse. Ormai ha le sue certezze e quello che lo turba è qualcuno o qualcosa che le metta in crisi. È impermeabile ad ogni novità e vive nel sospetto e nella paura che gli sia distrutto il castello di carta che s'è costruito.

È però sulla figura dei magi che l'evangelista Matteo concentra la sua attenzione. Quello che egli ci presenta attraverso i personaggi ricordati, l'evangelista Giovanni lo sintetizza dichiarando: «Venne tra i suoi ma essi non l'hanno accolto, ma a quanti l'hanno accolto ha dato il potere di diventare figli di Dio» (Gv 1,11-12).

Cari fratelli e sorelle, il primo insegnamento che possiamo cogliere da questa storia è un invito a non vivere la nostra fede come un fatto di cultura e di tradizione. Non siamo cristiani perché siamo nati in Europa, ma siamo cristiani perché, al pari dei magi, abbiamo responsabilmente cercato Cristo. Prendendo spunto dalla vicenda narrata da Matteo, possiamo dire – come affermava un antico scrittore cristiano – che "cristiani non si nasce, ma si diventa".

Ma l'episodio dei magi ha altri insegnamenti validi per il nostro oggi. Come pellegrini in ricerca della verità fatta carne, i magi ci ricordano una verità che si può così esprimere: "Si trasforma in uno straniero chi cerca Dio". Nel loro cammino verso Betlemme essi hanno dovuto confrontarsi con l'immobilismo di chi era pago delle sue verità.

Noi, da cristiani, nel nostre pellegrinare dobbiamo pure reggere un confronto, ma non contro l'immobilismo, bensì con la mentalità del turista sulla quale si va costruendo il nostro mondo. Nella nostra società definita "società dei consumi" il turista è il personaggio centrale perché è il consumatore perfetto. Egli passa, usa, gode e se ne va senza alcun obbligo. È un raccoglitore di sensazioni e non gli importa granché di quanto lo circonda. È attento soltanto a non perdere le occasioni di piacere che la vita gli offre. Per lui importa viaggiare, non arrivare ad una meta. Per contro il pellegrino, al pari dei magi, ha un ideale interiore che lo muove e in questo è sostenuto dalla speranza, una virtù poco apprezzata ai nostri giorni, ma che gli permette di superare gli ostacoli del cammino. Egli intende il suo viaggio come una chiamata o una vocazione, e se c'è qualcosa che la società odierna non riesce a capire è proprio questa, ossia che si consideri la vita nei termini di vocazione, come un tutto unico, non suddiviso in piccoli episodi chiusi in sé.

Come Matteo riferisce, a guidare i magi all'incontro con Cristo è stata una stella. Abituati com'erano da astrologi a scrutare le stelle, non potevano essere attratti da altro. E anche in questo dettaglio c'è una verità da mettere in luce: il fatto che Dio si adatta a noi per portarci a Lui. A questo proposito Giovanni Crisostomo osserva che «Dio, mostrando una straordinaria condiscendenza chiama i magi per mezzo di cose comuni e familiari per loro... li chiamò a sé mediante la visione di una stella, nell'intento di renderli in seguito più perfetti ed illuminati. Ma dopo averli condotti, come per mano, sino alla mangiatoia, non parla più a loro per mezzo di una stella» (Comm. a Mt – Omelia 6,3).

Si sa come nell'antichità si pensasse che il destino fosse scritto nelle stelle e che ogni uomo fosse incatenato dal fato. Ebbene, l'apparire di questa stella ha spezzato le leggi del fatalismo astrale. E questo significa che Cristo, con la sua venuta, ci libera da ogni condizionamento, ci restituisce la libertà. In altre parole, la nascita di Cristo ci dona la speranza che possiamo essere diversi, migliori. Non siamo degli schiavi incatenati ai loro limiti. Cristo ha liberato anche noi e il significato di questa stella è di ricordarcelo.

Non ci resta che leggere questo segno e rimetterci in viaggio come i magi. Cristo non si fa trovare una volta per tutte, ma di continuo ci sollecita a cercarlo. Egli ci vuole sempre itineranti, ma ci dà come viatico questa promessa: «Se attraverserai le acque, io sarò con te e le onde non ti sommergeranno; se camminerai nel fuoco, non sarai bruciato e la fiamma non ti scotterà, perché io sono il Signore, tuo Dio, il santo d'Israele, tuo Salvatore» (Is 43,1-3).

Colonia, Germania, 6 gennaio 2006

Fratelli,

sono lieto di essere qui con voi in questo momento importante del vostro cammino.

Sappiamo che ad Antiochia i discepoli di Gesù furono chiamati 'cristiani'. Eppure, negli Atti degli Apostoli troviamo anche un'altra qualifica. Luca parla dei cristiani come di "quelli della strada", di quelli che seguono una nuova via. Essere sulla strada significa essere in movimento verso una meta. Chi è sulla strada non è un arrivato, ma è uno che guarda avanti. C'è un detto italiano che dice "chi si ferma è perduto", e un antico proverbio dice: "Diventa un pellegrino chi cerca Dio".

Noi vogliamo diventare tutti pellegrini superando la tentazione di rimanere seduti, immobili, senza stimoli. Dico queste cose perché il tempo di Quaresima è un'occasione per riprendere a camminare. Spesso, infatti, la pigrizia ci impedisce di muoverci.

Quando Gesù nel vangelo di oggi, ci parla di conversione, è come se ci dicesse: alzati, cammina, hai ancora tanta strada da fare.

San Paolo, poi, ci invita a guardare indietro, imparando dagli sbagli di quanti si ritenevano già degli arrivati e non cercavano più. La storia è veramente una profezia per ciascuno di noi. È una maestra dalla quale dobbiamo imparare a leggere anche la nostra vita.

Se qualcuno oggi mi chiedesse: cosa devo fare per riprendere a camminare? La risposta che do è contenuta nella preghiera che ci ha introdotto a questa messa: la preghiera ci invita a riconoscerci anzitutto peccatori e ci invita a praticare il digiuno, a pregare di più e ad esercitare opere di carità fraterna. La meta della nostra strada è Dio, la nostra strada è Cristo, i modi per percorrerla sono digiuno, preghiera, carità fraterna.

Turchia, 19 marzo 2006

III Domenica di Quaresima - Anno B

Cari fratelli,

domenica scorsa ero in Germania per un incontro internazionale. Ho parlato della presenza cristiana nel nostro paese di Turchia.

C'era molta attenzione ed in parecchi mi hanno detto che pregano per noi e ci accompagnano con il loro interesse.

Abbiamo ascoltato la lettura dell'Esodo dove si parla dei 10 comandamenti. Eppure la parola 'comandamento' nel testo originale ebraico non è 'comandamento', ma 'ammaestramento'. Ciò significa che Dio non ci costringe a seguirlo, ma ci invita (a farlo). Dio ci vuole figli liberi e non schiavi costretti. E i 10 ammaestramenti non sono dati per farci sentire schiavi, ma sono una strada verso la felicità.

Ma un cristiano non ha ricevuto soltanto i 10 ammaestramenti. Egli ha anche un modello nella persona di Gesù.

Gesù completa la legge; ci aiuta a vivere nella libertà; ci fa capire che, davanti a Dio, noi non siamo schiavi, ma figli e come figli dobbiamo comportarci. Egli si è comportato come figlio anche cacciando i commercianti dal tempio, cioè quelli che avevano trasformato il tempio in un centro di commercio dove non si cercava più Dio, ma il guadagno.

Certo, molti non hanno accettato e non accettano il comportamento di Gesù. Ancora oggi Gesù è scandalo e stoltezza, come ci ricorda Paolo. Eppure per noi cristiani egli è e rimane il nostro modello, la nostra guida e anche la conferma che Dio ama ciscuno di noi e vuole che lo seguiamo in libertà e come figli.

Iskenderun, Turchia, 19 marzo 2006

IV Domenica di Quaresima - Anno B

Cari fratelli,
le letture della domenica che ascoltiamo in Quaresima sono una preparazione al mistero della Pasqua che celebreremo tra qualche settimana. Quanto oggi ci viene presentato è che al centro della venuta di Cristo, della sua morte e resurrezione, c'è l'amore di Dio per ciascuno di noi.

Nelle altre religioni è l'uomo che va in cerca di Dio, l'uomo che si salva se adempie i comandamenti. Per la fede cristiana, invece, è Dio che cerca l'uomo e che lo ama, quando l'uomo è ancora peccatore. Ce lo ricorda oggi S. Paolo quando agli Efesini scrive: «Per questa grazia siete salvi mediante la fede; e ciò non viene da voi, ma è dono di Dio, nè viene dalle opere, perché nessuno possa vantarsene» (Ef 2,9).

Il centro della fede cristiana sta in questa affermazione di Gesù: «Dio ha tanto amato il mondo da dare il suo figlio unigenito perché chiunque crede in lui non muoia, ma abbia la vita eterna» (Gv 3,16).

In altre parole, Dio dà se stesso, per insegnarci che l'amore vero è sempre donazione, è apertura verso gli altri, è un morire perché altri vivano. So che nel mondo in cui viviamo è difficile annunciare che Dio abbia un figlio. Ma non dobbiamo prendere queste espressioni in modo naturale, come se il rapporto tra Padre e Figlio sia lo stesso che esiste nella natura umana. Occorre andare al di là delle parole e cercare di capire il contenuto di quello che le parole significano.

Chi fa questo passaggio capirà che il mistero di Dio è un mistero d'amore, di vita, di comunione. Dinanzi a questo mistero noi siamo come dei bambini che riescono a capire assai poco.

Eppure una cosa possiamo capirla senza difficoltà ed è quella che il vangelo di oggi ci ricorda: ancora prima che noi lo amiamo, Dio ci ama. È su questa certezza che dobbiamo costruire la nostra vita.

Iskenderun, Turchia, 26 marzo 2006

III Domenica di Quaresima - Anno C
(Incontro con le famiglie)

Saluto alle famiglie
Cari fratelli,
il mio cordiale benvenuto.

Siamo in tempo di Quaresima, eppure il fatto di ritrovarci oggi insieme è motivo di gioia. Riconosciamo infatti di appartenere alla stessa famiglia di Dio, unita non da vincoli di sangue, ma dal sentirci figli dello stesso Padre. Preghiamo questo Padre perché benedica le nostre famiglie particolari e la nostra famiglia più grande che è la Chiesa d'Anatolia.

Omelia
Cari fratelli,

nella società odierna si insiste tanto sul valore della famiglia, ma i modelli di vita che sono presentati sono di tipo individualistico. Si vuol salvare la famiglia, ma poi si mette al centro l'individuo con i suoi interessi, i suoi comodi, il suo piacere.

Cari fratelli, non è il fatto di abitare sotto lo stesso tetto o il fatto di mangiare alla stessa tavola che crea una famiglia. La famiglia nasce quando non ci si limita a <u>con</u>vivere, ma si <u>con</u>divide, si <u>com</u>partecipa.

È il fatto di avere gli stessi ideali che unisce. Non è necessario che tutti la pensiamo allo stesso modo, ma è necessario che tutti abbiamo gli stessi sentimenti e gli stessi ideali.

Questo è l'insegnamento che la festa odierna ci trasmette. Gesù, Giuseppe e Maria erano uniti nell'amore verso Dio ed erano uniti nell'amore reciproco. Guardiamo ad essi e ricordiamoci che le nostre famiglie saranno benedette e cresceranno nell'amore, se in esse terremo presente Cristo.

È in lui che ci troviamo uniti. È in lui che impariamo ad accettare le diversità ed i limiti degli altri. Non dimentichiamo che la preghiera comune fatta in famiglia è il legame che ci aiuta a vincere tante difficoltà.

Turchia, 7 marzo 2010

IV Domenica di Quaresima - Anno C

Cari fratelli,

vi saluto cordialmente ed auguro a tutti voi una domenica serena. La parabola di oggi è sempre stata chiamata la parabola del "figlio prodigo", eppure la figura centrale non è quella del figlio, ma quella del padre. Quello che Gesù vuol mettere in evidenza non è tanto il figlio che sbaglia, quanto il padre che non si irrita, che non condanna, ma che si mostra paziente e misericordioso. È questo il volto nuovo di Dio che Gesù ci presenta.

Voi sapete che nel Corano sono 99 i titoli con cui Dio viene lodato, eppure tra di essi manca proprio quel titolo che per noi cristiani è fondamentale: manca il titolo di 'Padre'.

Sappiamo bene che Dio non è padre in senso naturale, eppure se Gesù ce lo presenta così, è per farci capire che dobbiamo avere nei suoi confronti una totale fiducia e confidenza. I figli, generalmente, non hanno paura dei loro padri. Gesù precisa, tuttavia, che il Padre celeste non è proprio come i padri della terra, ma è un padre speciale che sa sempre aspettare, accogliere e perdonare i propri figli.

Cosa vuol dirci Gesù con questa parabola? Egli ci invita ad avere totale confidenza e fiducia in Dio, a non avere paura di Lui, a non osservare i comandamenti per la paura del castigo, a credere che Dio ci accetta con tutti i nostri limiti e tutte le nostre povertà.

Quando riusciamo a capire che Dio è veramente così come Gesù ce l'ha descritto, diventeremo tutti come quel figlio del vangelo che torna al padre buono con la certezza che egli sempre l'accoglie. Veramente l'amore di Dio è più forte del nostro peccato.

Accogliamo oggi le parole di Gesù come un invito alla conversione non per timore, non per forza, ma con l'atteggiamento di chi, vedendosi amato da Dio, capisce che Dio da noi si aspetta di essere riamato. Questo è il dono più grande che possiamo fare a Lui e a noi stessi.

Turchia, 18 marzo 2007

Settimana Santa 2006

Domenica delle Palme

Cari fratelli,

iniziamo con questa celebrazione la Settimana Santa. Si chiama "santa" perché ci ricorda gli ultimi giorni della vita di Gesù: il suo ingresso trionfale a Gerusalemme, l'ultima cena, la sua passione, morte e resurrezione.

Fra coloro che hanno accolto con gioia Gesù ci sono stati anche quelli che poi lo hanno rinnegato e l'hanno lasciato solo. Anche a noi capita, a volte, di fare lo stesso: riconosciamo Gesù come nostro Salvatore e poi ci dimentichiamo di lui.

È un'esperienza che tutti abbiamo fatto. Mettiamoci allora davanti al Signore in questa settimana come Pietro pentito e soprattutto pensiamo che ogni evento della storia di Gesù, cioè l'ultima cena, la sua passione e morte e la sua resurrezione, ha al centro ciascuno di noi.

Per questo anche noi in questa settimana possiamo ripetere con gioia con l'apostolo Paolo: «Mi ha amato e ha dato se stesso per me» (Ef 5,2).

Iskenderun, Turchia, 9 aprile 2006

Giovedì Santo: Santa Messa del Crisma

Care sorelle e fratelli,

sono felice di potervi salutare in questa nostra Chiesa Cattedrale dell'Anatolia!

Se guardiamo alla storia del cristianesimo, sono state alcune centinaia le Chiese Cattedrali di questa regione. Ora non rimane che la nostra e rimaniamo noi, come eredi di tutti quei cristiani che qui hanno vissuto.

Il fatto di trovarsi oggi qui riveste un significato particolare. Esprime anzitutto l'unità della Chiesa che si ritrova attorno al suo vescovo. Come scriveva Ignazio d'Antiochia agli inizi del II secolo, «Dove è il vescovo lì c'è la comunità, così come dov'è Cristo lì c'è la Chiesa» (*Lettera agli Smirnesi* 8).

Ma la celebrazione di quest'oggi ha anche un altro carattere. Consacreremo infatti gli olii che servono per ungere i nuovi battezzati, quanti saranno confermati, i nuovi sacerdoti e quanti sono ammalati. L'unzione con il crisma era già praticata nell'Antico Testamento nei confronti dei re, dei profeti e dei sacerdoti. Essa esprimeva che chi era stato unto aveva ricevuto da Dio una missione da compiere.

Come cristiani anche noi siamo stati tutti unti e la Scrittura parla di noi come di un popolo di re, di sacerdoti e di profeti. Essere in Cristo significa, infatti, partecipare alla sua missione che, fondamentalmente, si riduce a questo: Dio ti tratta come un re, Dio riconosce la tua dignità. Ricordati che come sacerdote appartieni a lui e che per questo devi vivere la tua vita come un culto; sappi che il senso della tua esistenza di profeta è quello di annunciare il suo amore, nei fatti e nelle parole.

Fratelli e sorelle, questa è la nostra vocazione di cristiani. Su questa vocazione si fonda anche la vocazione di noi vescovi e presbiteri chiamati a mantenere viva nei propri fratelli il loro impegno di re, sacerdoti e profeti.

Il centro della nostra vita sacerdotale è l'Eucarestia, cioè il dono totale che Cristo fa di sé. Ricordiamo che, mentre nei vangeli di Matteo, Marco e Luca si parla nell'ultima cena dell'istituzione dell'Eucarestia, nel vangelo di Giovanni l'istituzione dell'Eucarestia è sostituita dalla lavanda dei piedi. È chiaro il senso di questa sostituzione. Giovanni, infatti, ci fa capire che il significato ultimo dell'Eucarestia sta nel donarsi, nel servire gli altri, nel vivere per gli altri.

Un'esistenza cristiana si realizza sempre di più quando anche noi, come Cristo, vivremo con la consapevolezza che il nostro sacerdozio è una vocazione al servizio. Ricordiamo le parole di Gesù il quale «è venuto per servire e non per essere servito» (Mt 20,28).

Con la volontà di diventare sempre più simili a Lui, rinnoviamo ora le nostre promesse sacerdotali.

Iskenderun, Turchia, 11 aprile 2006

Giovedì Santo: Santa Messa in Coena Domini

Cari fratelli,

sappiamo tutti che cosa significa mangiare assieme: ciò esprime il fatto di appartenere ad una stessa famiglia. Quando si vuole creare o rafforzare un legame con qualcuno, lo si invita a mangiare con noi.

È spesso nel momento del pranzo o della cena che si condivide la vita: le esperienze, le gioie, i problemi. Pensiamo che un nostro parente ed amico che ci deve lasciare per sempre ci invita a cena. Come diventerà importante questo momento! Sarà il tempo in cui ci ricordiamo della vita trascorsa assieme, ma anche il tempo in cui confermiamo che rimarremo sempre uniti.

Anche il Signore Gesù s'è servito di una cena per esprimere la sua amicizia e la sua volontà di essere sempre con noi. Eppure, mentre un amico che parte lascia soltanto un regalo che lo rende sempre presente, il Signore Gesù ci ha lasciato se stesso nell'Eucarestia.

L'Eucarestia non è pertanto solo un ricordo dell'ultima cena, ma è il modo in cui, attraverso il pane e il vino, Gesù ci conferma che sarà sempre con noi. È soltanto con la fede che noi lo incontriamo nell'Eucarestia. Per questo anche noi dobbiamo dire come alcuni discepoli di Gesù: «Signore, aumenta la nostra fede!» (Lc 17,6).

Signore, aiutaci a credere che il tuo amore per noi non ha limiti. Facci comprendere che nell'Eucarestia tu hai voluto essere sempre con noi. Apri i nostri occhi, affinché capiamo che il senso della nostra esistenza si realizza nel diventare anche noi pane che dà vita e sostiene.

Aiutaci a diventare Eucarestia per i nostri fratelli, ossia cristiani che danno quanto ricevono: amore, conforto, speranza. Questa celebrazione del Giovedì Santo ci confermi in questo impegno.

Iskenderun, Turchia, 13 aprile 2006

Venerdì Santo

Cari fratelli,

oggi i nostri sguardi sono concentrati sulla croce del Signore. Nel nostro cuore nasce una domanda: perché la croce, perché la sofferenza, perché la morte? La risposta che noi troviamo è quella che ha spinto i discepoli di Gesù e i primi cristiani a dare la vita per Lui. La risposta è l'amore. Lo ricorda l'evangelista Giovanni quando scrive: «Dio ha tanto amato il mondo da dare il suo figlio per noi» (Gv 3,16). E Paolo ripete: «Cristo mi ha amato e ha dato se stesso per me» (Gal 2,20). Non possiamo spiegare diversamente il senso della croce se non come espressione dell'amore che Dio ci ha mostrato attraverso Gesù.

Che cosa fa più paura nella vita? La solitudine, la sofferenza, la morte. Ecco, Cristo le ha accettate tutte perché noi non ci sentiamo abbandonati nel momento del dolore.

Dio non ha accettato soltanto di essere uomo, ma è divenuto «uomo dei dolori» (Is 53,3) affinché noi ci riconosciamo in lui. Come Lui stesso ci ha insegnato: «Non c'è amore più grande di questo: dare la vita per i propri amici» (Gv 15,13).

Guardiamo allora alla croce con dolore per la sofferenza che ha provocato al Signore Gesù, ma guardiamo ad essa anche con serena fiducia perché essa è il segno eterno che Dio ci ama più di quanto noi possiamo pensare e sperare.

Iskenderun, Turchia, 14 aprile 2006

Veglia pasquale

Fratelli carissimi,

vi ringrazio di essere qui stasera per lodare con me il Signore. Se qualche fratello musulmano ci chiedesse: perché siete felici questa sera? La nostra risposta potrebbe essere questa: siamo felici perché sappiamo che la vita è più forte della morte, la grazia è più forte del peccato, la misericordia di Dio è più forte della nostra ingiustizia, il suo amore è più forte del nostro odio.

Tutto questo noi l'abbiamo capito attraverso la morte e la resurrezione di Gesù che ricordiamo questa notte. All'inizio della nostra celebrazione abbiamo acceso un fuoco. È il fuoco nuovo di Cristo che dà calore e luce alla nostra vita. Avete ascoltato il canto di gioia che io vi ho cantato: esso esprime l'impegno di ogni cristiano di trasformare la sua vita in un canto di lode per Dio.

Poi abbiamo ascoltato le letture della Scrittura che ci fanno capire come Dio guida gli uomini e la storia. Non siamo frutto del caso, ma sia nella nostra storia personale che in quella dell'umanità c'è un disegno di Dio. E il nostro impegno sta nel capirlo e nell'accettarlo.

Una cosa, comunque, è chiara: Dio non si lascia vincere da noi. Dio è fedele. È il Dio di Abramo, di Isacco, il Dio dei nostri padri che non rinuncia ai suoi progetti a motivo della nostra infedeltà. In Gesù crocifisso noi leggiamo fino a che punto Dio ci ama. È l'amore di Dio, non è l'amore di un uomo.

È difficile credere a ciò, eppure la croce è lì a ricordarcelo sempre. La croce è la firma di un contratto scritto con il sangue su un legno e sigillata con i chiodi.

Dice un detto arabo: "In una notte nera, una formica nera Dio la vede". Noi possiamo dire lo stesso e anche qualcosa di più: un uomo insignificante, in una vita insignificante Dio non soltanto lo vede, ma lo ama anche.

Volete un'altra prova di questo amore? La troviamo nella resurrezione di Gesù. Dio non ci ha generati alla vita per poi farci ripiombare nel nulla. Dio ama la vita. Per questo in Gesù risorto noi troviamo anche questa conferma.

Alla nostra morte entreremo nel mistero di Dio, ma saremo sempre noi, la nostra storia, la nostra identità. La morte, dunque, non è la fine, ma il passaggio ad una vita migliore.

Cari fratelli, morte e resurrezione di Gesù sono i due eventi che sono alla base della nostra fede, ma anche alla base della nostra comunità cristiana.

Non dimentichiamolo e oggi, soprattutto, guardiamo ad essi come alla fonte della nostra gioia e della nostra speranza. "Se anche una madre può dimenticare il suo figlio, io non mi dimenticherò di te" (cf. Is 49,15). Il Signore Gesù con la sua morte e resurrezione ha confermato queste parole del profeta.

Rendiamo grazie a Dio.

Iskenderun, Turchia, Pasqua 2006

Santa Messa di Pasqua

Cari fratelli,

vi saluto cordialmente con l'augurio che oggi noi cristiani ci scambiamo: Cristo è risorto, alleluia, Cristo è veramente risorto.

Non c'era giorno migliore di questo per riaprire la nostra Chiesa di Adana. Oggi noi ricordiamo che Cristo è entrato in una nuova vita. Oggi preghiamo perché anche la nostra Chiesa di Adana inizi una nuova vita. La presenza cristiana in questa città sembra risalire già al I secolo dopo Cristo. Da quel tempo i cristiani sono sempre stati presenti ad Adana.

Anzi, la comunità cristiana già nel III secolo era così importante da avere un vescovo. C'è una bella testimonianza del patriarca di Istanbul, Giovanni Crisostomo, il quale, scrivendo nei primi anni del secolo al vescovo di Adana, loda la città che definisce "tranquilla e serena".

Noi tutti vorremmo che Adana rimanesse sempre così, "tranquilla e serena", e rimanesse sempre un luogo dove uomini di diverse religioni s'incontrano perché si stimano. Nel mondo d'oggi la strada del dialogo è l'unica che possiamo percorrere. Non ci sono alternative al dialogo.

Certo, nei mesi scorsi ci sono stati alcuni problemi, eppure la comune volontà di risolverli ha portato al risultato di oggi, cioè alla riapertura della chiesa. Ai cittadini di Adana chiedo di sentire questa chiesa come una parte integrante della loro città. La Chiesa, i cristiani, non sono un corpo estraneo all'interno della società turca. Essi amano la Turchia come anch'io l'amo. Io ho scelto di rinunciare alla comoda vita di professore a Roma per vivere qui e per imparare ad amare questo popolo che considero mio.

Oggi sento di dover ringraziare le autorità cittadine, in particolare il Signor Sindaco e le altre autorità per il loro impegno.

Ringrazio poi, ancora una volta, tutti voi che siete venuti qui a condividere la nostra gioia.

Il Signore benedica ciascuno di voi e benedica questa città di Adana con tutti i suoi abitanti.

Adana, Turchia, Pasqua 2006

Settimana Santa 2010

Domenica delle Palme

Cari fratelli,

la Settimana Santa incomincia con questa breve processione che ricorda l'ingresso di Gesù a Gerusalemme. Dopo pochi giorni questa processione si è mutata nella Via Crucis, nel cammino verso il Calvario. Vedete come noi uomini sappiamo prima lodare e poi maledire? Ciascuno di noi è come Pietro: prima dichiara d'essere fedele a Cristo fino alla morte, e poi, nel momento della prova, lo abbandona e lo tradisce.

Cari fratelli, Gesù non si meraviglia dei nostri tradimenti perché conosce la nostra debolezza e sa come siamo instabili. Ma vuole che ci conosciamo meglio, vuole che siamo in grado di chiedere perdono, ci vuole capaci di riconoscere le nostre colpe, soprattutto vuole che non lo abbandoniamo nel momento della prova.

Non seguiamolo soltanto oggi, ma anche quando essere cristiano diventa difficile. Lui non ci abbandona, noi non abbandoniamo Lui.

Oggi, iniziando la Settimana Santa con questa processione, ripetiamogli con totale fiducia: Signore ti seguirò ovunque andrai perché tu solo hai parole di vita eterna. Anche se dovessi camminare in una valle oscura non temerò alcun male perché tu sei con me.

Iskenderun, Turchia, 28 marzo 2010

Giovedì Santo

Cari fratelli,

una persona che sente di morire spesso fa testamento. Le misure del testamento sono le misure dell'amore. Infatti si lascia di più a chi si ama di più.

Questa sera noi ricordiamo il Testamento che Gesù ci ha lasciato.

Non ci ha lasciato delle cose; ci ha lasciato se stesso nell'Eucarestia, cioè il suo Corpo e il suo Sangue. Se Gesù non fosse morto sulla croce non ci sarebbe Eucarestia, perché l'Eucarestia significa il dono totale di sé.

Oggi siamo invitati a considerare questo mistero. Di norma noi riceviamo, ogni domenica, l'Eucarestia ma dimentichiamo che cosa significa. Ci sembra normale ricevere la comunione e spesso, purtroppo, tutto si trasforma in un rito, in una abitudine meccanica.

Questa sera, nel momento in cui ricordiamo l'ultima cena, il Signore ci invita a vivere l'incontro con Lui non come un'abitudine, ma come un dono che non meritiamo.

Lui che ha lavato i piedi dei suoi apostoli e poi ci ha dato se stesso nel pane e nel vino ci chiede di capire quanto egli ha fatto, ma ci chiede di fare altrettanto, cioè mettersi al servizio degli altri e donarsi a loro con generosità.

Le nostre Eucarestie della domenica saranno tanto più partecipate quanto più sapremo trasformare la nostra stessa vita in dono per gli altri.

Iskenderun, Turchia, 1 aprile 2010

Venerdì Santo

Cari fratelli,

non c'è niente che unisce due persone quanto la condivisione nel dolore. La vicinanza di una persona al dolore di un altro indica la profondità del suo amore.

Pensiamo alla sofferenza atroce di Maria sotto la croce. Certamente la Madre di Gesù avrebbe voluto essere crocifissa al suo posto.

Oggi sotto la croce ci troviamo noi. Cristo non ci chiede altro se non di vedere il suo dolore. Non ci chiede di amarlo perché l'amore non si può comandare. Ci chiede soltanto di vedere come Lui ha amato noi.

Se noi apriamo gli occhi alla sua sofferenza, il nostro cuore si aprirà all'amore. Viviamo questi giorni con gli occhi fissi sulla croce.

Quanto più capiremo che cosa la croce significa, tanto più ci avvicineremo a Cristo.

Iskenderun, Turchia, 2 aprile 2010

III Domenica di Pasqua

Cari fratelli,
un rinnovato augurio di buona Pasqua in questo tempo nel quale viviamo la gioia di sapere che Cristo è morto e risorto per noi.

Cari fratelli,
la nostra Chiesa di Turchia ha vissuto nella settimana scorsa una bellissima esperienza.

Ad Efeso, dal 14 al 16 aprile, si sono radunati quasi tutti i vescovi e i sacerdoti di Turchia per tre giorni di preghiera e di riflessione comune. È stata una gioia ritrovarci assieme, conoscerci e soprattutto vedere quanti giovani sacerdoti sono venuti qui in Turchia per servire la nostra Chiesa. Eravamo 40, venuti da Istanbul, Ankara, Smirne, Samsun, Adana, Mersin, Antiochia, Iskenderun. Il fatto di ritrovarci assieme ha rafforzato la nostra volontà di vivere il nostro Sacerdozio con gioia, sapendo che non siamo soli. Alcune volte il problema dei nostri sacerdoti è quello della solitudine, del non sentirsi abbastanza sostenuti dalle comunità che servono.

Non è facile essere sacerdote e vescovo in Turchia, eppure il nostro incontro di Efeso ci ha confermato di essere qui per essere come il Signore Gesù, a servizio dei nostri fratelli.

Al Signore che ha chiesto a Pietro: «Mi ami tu?» ciascuno di noi ha dato, nel Santuario di Meryem Ana, la sua risposta: «Sì, Signore, tu sai che io ti amo» (Gv 21,15-17).

Cari fratelli, aiutateci a rispondere sempre così. Se volete buoni sacerdoti, dovete pregare per loro. Se non date a loro il vostro affetto, la vostra stima, la vostra vicinanza, non potete pretendere che vi siano modelli.

Ricordate: una comunità ha i sacerdoti che si merita.

Pregate per loro e loro vi aiuteranno nell'impegno di essere buoni cristiani.

Iskenderun, Turchia, 18 aprile 2010

Solennità dell'Ascensione

Cari fratelli,
sono trascorsi 40 giorni dalla Pasqua e celebriamo oggi il giorno dell'Ascensione. Gli Apostoli ci hanno trasmesso la loro esperienza del Signore Risorto ma anche della sua partenza da questo mondo. Quanto essi hanno sperimentato era difficile esprimerlo con le parole poiché certe esperienze rimangono difficili da comunicare.

Tra queste anche la realtà della Ascensione di Gesù. È chiaro che Gesù non è salito al cielo come sale un aereo o un elicottero. È la parola 'cielo' che deve farci riflettere e che non dobbiamo intendere in senso materiale. L'Ascensione al cielo significa in questo caso il pieno ingresso nella realtà di Dio.

Così il vangelo di Marco usa un'altra espressione: dice che Gesù, dopo essere asceso al cielo, si è seduto alla destra di Dio. Anche questa immagine non va presa in senso materiale, ma indica la Signoria di Gesù, ossia la sua figliolanza divina.

Cari fratelli, usiamo spesso tante espressioni e non ne avvertiamo il senso esatto. Il nostro impegno è quello di andare in profondità. La nostra fede non è semplice, ma lo diventa quando ci accostiamo al mistero di Gesù con l'intelligenza e con il cuore.

Oggi ricordando il suo ritorno al Padre, pensiamo a quello che ci ha detto: «Io vado a prepararvi un posto» (Gv 14,2). È andato e ci aspetta. Chiamerà ciascuno per nome. Ci dirà: ti ho amato e per questo ti ho atteso.

Questo è il motivo per il quale possiamo essere in festa in questo giorno dell'Ascensione.

Iskenderun, Turchia, 28 maggio 2006

Solennità dell'Ascensione[1]

Cari fratelli,
sono contento di essere oggi qui con voi. Mantengo così la promessa di tornare a Mersin dopo la mia ultima visita. Il motivo di questa venuta è legato anche alla celebrazione in memoria della carissima Suor Maria Di Meglio che il Signore ha voluto con sé. Suor Maria ha amato la nostra Chiesa di Anatolia e in particolare questa comunità di Mersin. La ricordiamo con affetto e, tramite Lei, chiediamo al Signore che benedica e protegga questa nostra comunità.

Cari fratelli,
è bello fare memoria di Suor Maria nel giorno in cui ricordiamo l'ascensione di Gesù al cielo. Ricordare che Cristo è salito al Padre, significa guardare al nostro futuro senza paura, ma con fiducia. Questa fiducia ha dato senso alla vita di Suor Maria. La sua serenità, il suo ottimismo, la sua bontà, l'attenzione per quanti incontrava erano frutto del suo animo sensibile ma anche della sua profonda fede in Dio.

Il rimpianto che ha lasciato in noi è il segno dell'amore che ha dato e che ha ricevuto. Ha amato e, per questo, è stata riamata. Le lacrime del distacco, che molti di noi hanno versato alla sua morte, significano che la sua vita non è stata inutile. Ora ci rallegra il pensiero che è vicina al Signore Gesù.

Ai tanti gruppi che incontrava nella Chiesa di Tarso, Suor Maria ha sempre offerto la testimonianza che con lei, con Suor Agnese e con Suor Maria, nella città dell'apostolo Paolo era garantita anche la presenza di Gesù nell'Eucarestia. Una presenza silenziosa, quasi impercettibile, però una presenza reale ed efficace. Ora, assieme al Signore nell'Eucarestia, a Tarso continua a rimanere anche la presenza di Suor

---

[1]   In occasione della consegna dell'onorificenza *Pro Ecclesia et Pontifice* da parte del Papa Benedetto XVI a sr. Agnese, sr. Maria e sr. Maria Di Meglio.

Maria che non parla più, ma che non cessa di amare la piccola Chiesa di Tarso e la nostra comunità di Anatolia.

L'amore – come ci ricorda S. Paolo – non verrà mai meno. Ancora San Paolo ci dice che l'amore è generoso, altruista, non cerca il contraccambio, non si aspetta un premio e neanche un grazie.

Di questo tipo di amore Suor Maria Di Meglio, Suor Agnese e Suor Maria Ballo hanno dato una grande testimonianza, accogliendo con grande disponibilità, ma anche con grande fatica, le migliaia di pellegrini che lo scorso anno e ancora adesso giungono a Tarso.

Mai nessuno ha trovato chiusa la porta della Chiesa; mai nessuno ha potuto dire di non essere stato accolto con cordialità.

La carità non ha orari fissi e anche di questo dobbiamo essere riconoscenti alle nostre sorelle perché non si sono risparmiate.

Da dove proveniva la loro forza? Da quell'amore per il Signore Gesù e per i fratelli al servizio dei quali si sono consacrate. Ho detto che la carità non si aspetta riconoscimenti, eppure i fratelli non sono ciechi davanti a chi spende la propria vita per gli altri.

Per le nostre tre sorelle il riconoscimento è arrivato dallo stesso papa Benedetto mediante una particolare onorificenza. Si tratta di un grande onore e di un privilegio concesso a pochi ed è il segno che il Santo Padre e, attraverso di lui, l'intera Chiesa, riconosce i meriti di una persona.

Oggi, a nome del Papa, sono felice di consegnarvi questa onorificenza *Pro Ecclesia et pontifice* che vuole premiare il vostro generoso servizio. A Suor Maria Di Meglio questa onorificenza arriva tardi, anche se sappiamo che ne ha ricevuta una più grande dal Signore.

Per voi, care Suor Agnese e Suor Maria, questo particolare segno di ringraziamento che il Papa concede onora voi, ma anche l'intero Istituto al quale appartenete. Esso rappresenta anche un sostegno perché possiate continuare a servire i pellegrini che arrivano a Tarso come avete fatto sino ad ora.

Vi aiutino e vi sostengano in questo impegno l'apostolo Paolo e la carissima Suor Maria Di Meglio.

Mersin, Turchia, 16 maggio 2010

Cari fratelli,
ci stiamo ormai avvicinando alla festa di S. Paolo che celebreremo a Tarso domenica prossima e alla quale siete tutti cordialmente invitati.

Anche quest'oggi abbiamo ascoltato un testo che l'Apostolo di Tarso
ha scritto e che ci ricorda come tra gli uomini esiste una solidarietà sia
nel male che nel bene. Quello che noi chiamiamo "peccato originale",
ossia la colpa di Adamo, è un modo per dire che quanto facciamo ha
delle conseguenze non soltanto per noi, ma anche per la nostra famiglia, per i nostri figli e anche per l'umanità.

Siamo legati gli uni agli altri e le nostre azioni non riguardano soltanto noi ma, in certo modo, toccano tutti. È per questo che Paolo ha
contrapposto Adamo a Cristo: il primo ha danneggiato tutti, il secondo
salva tutti.

Il vangelo di oggi (Mt 10,26-33) ci aiuta a capire che Cristo ci salva
perchè Dio ci ama. Ora, l'amore ha tante espressioni: amare significa
prendere parte alla vita della persona amata; soffrire e gioire assieme;
prendersi cura.

Ecco, se crediamo che Dio ama, dobbiamo avere fiducia in Lui. Come
dice Gesù nel vangelo, tutto è nelle mani del Padre; persino i nostri capelli sono tutti contati. Cari fratelli, dinanzi a queste parole di Gesù, c'è
un atteggiamento che dobbiamo far crescere e maturare in noi ed è la
fiducia in Dio. Affidiamo a Lui la nostra vita e ripetiamogli oggi con il
cuore: Signore io ho fiducia in Te.

Turchia, 19 giugno 2005

XVIII Domenica del Tempo Ordinario - Anno A

Cari fratelli,
il vangelo ci ricorda che uno dei sentimenti più forti di Gesù è stata la compassione («Vide una grande folla e sentì compassione per loro e guarì i loro malati», Mt 14,14). Compassione significa soffrire assieme, sentire assieme, insomma partecipare. Chi ha compassione sente nella sua carne quanto gli altri stanno vivendo.

La compassione è un sentimento che nasce quando uno non è chiuso in sé, ma ha occhi per vedere al di fuori. Quindi compassione ed altruismo sono sentimenti che camminano assieme.

Se i Vangeli ci ricordano che Gesù ebbe compassione è per invitare ad accrescere in noi la capacità di vedere la sofferenza altrui e di guarirla.

In molti casi non possiamo fare nulla, tuttavia offrire un sorriso, stringere una mano, dare una parola di consolazione è assai importante. Occorre, cioè, mostrare agli altri che non sono soli. Occorre mostrare che nell'indifferenza generale dove ciascuno pensa soltanto a se stesso, c'è chi sa partecipare.

La compassione che Cristo ha per ciascuno di noi diventa compassione vicendevole tra noi, ma anche con chiunque soffre, a qualunque religione e cultura appartenga.

È questo il sentimento che ha mosso l'apostolo Paolo. Come ci ricorda nella lettera ai Romani letta oggi, l'amore di Cristo è stata la ragione ultima nello spendere la sua vita per gli altri e niente lo ha fermato: né la tribolazione, né l'angoscia, la persecuzione, la fame, la nudità, il pericolo, la spada.

Come l'apostolo anche noi oggi preghiamo che niente possa mai separarci dall'amore di Dio, in Cristo Gesù, nostro Signore.

Iskenderun, Turchia, 31 luglio 2005

XIX Domenica del Tempo Ordinario - Anno A

Cari fratelli e sorelle,
    nella persona di Pietro credo che ciascuno di noi si può ri-specchiare. Anche noi, come lui, abbiamo professato la nostra fede in Gesù e poi l'abbiamo tradito. Anche noi, come lui, ci siamo fidati della Sua parola e poi, nel momento della prova, siamo affondati nel mare della vita.

Sì, perché anche la nostra vita è come un mare, a volte tranquillo, a volte agitato o addirittura tempestoso. È facile credere in Gesù quando questo mare è tranquillo; eppure quando incomincia ad agitarsi, quando ci prende la paura di andare a fondo e quando tutte le certezze sulle quali abbiamo costruito la nostra vita crollano, allora l'unica certezza che ci rimane è quella della fede. È la fede in Gesù la nostra ancora di salvezza.

Pietro è stato salvato nel momento in cui ha capito che da solo non riusciva a camminare sulle acque. Il suo grido: «Signore, salvami» (Mt 14,30) è il riconoscimento che senza il Signore Gesù andiamo a fondo.

Anche noi, oggi, vogliamo ripetere con Pietro le stesse sue parole: "Signore, salvami; Signore, accresci la mia fede in te perché non mi prenda la disperazione mentre cammino sul mare della vita".

Turchia, 7 agosto 2005

XXII Domenica del Tempo Ordinario - Anno A

Cari fratelli e sorelle,
nella domenica passata assieme ai nostri giovani di Turchia e a un milione di altri giovani ho celebrato la messa assieme al Santo Padre e a più di 700 vescovi. È stata per tutti noi un'esperienza forte perché ci ha fatto vedere come è bello appartenere alla comunità cristiana. Giovani di ogni razza e lingua erano radunati insieme e insieme hanno pregato il Signore Gesù come facciamo noi oggi. È lo stesso Signore che, secondo il vangelo odierno, ci invita a portare la croce dietro di lui.

Ognuno di noi ha già la sua croce. Il Signore non ci invita a prenderne un'altra. Ci chiede soltanto di portare la nostra croce dietro di lui. In altre parole di dare un senso al nostro soffrire, ai nostri problemi.

Ripeto: Gesù non vuole caricarci di un'altra croce, ma vuole che quella che già abbiamo sia portata con lui, per lui, dietro a lui: è questo il «sacrificio vivente, santo e gradito a Dio» (Rm 12,1) di cui parla oggi San Paolo.

Dio non ha bisogno che lo lodiamo perché la nostra lode non lo rende più grande di quello che è. Ma egli vuole che gli offriamo noi stessi nella vita di ogni giorno. Rinnoviamo allora l'abitudine di offrire a Dio all'inizio di ogni giorno, tutto quello che faremo. Questo è il sacrificio che egli vuole da noi.

Lodiamolo così e allora anche la nostra croce quotidiana sarà più leggera perché avrà un significato.

Turchia, 28 agosto 2005

XXIV Domenica del Tempo Ordinario - Anno A

Cari fratelli e sorelle,

sappiamo tutti quanto è difficile dare il perdono e chiedere perdono. Forse ancora oggi ci sono nella nostra vita persone che ci hanno fatto del male o ci hanno ingannato e che non riusciamo a perdonare. Siamo certo più pronti ad accettare la legge dell'Antico Testamento che chiedeva "occhio per occhio, dente per dente", ossia "ama il prossimo ma ripaga chi ti ha fatto del male con la stessa misura".

Forse, però, non siamo neppure capaci di praticare questa misura dell'Antico Testamento perché a chi ci ha fatto del male vorremmo dare più sofferenza di quella che lui ha dato a noi. Eppure oggi il Signore ci ricorda che si è veri discepoli se si sa perdonare.

Ma da dove incomincia il perdono? Anzitutto prendendo coscienza che noi pure dobbiamo essere perdonati. Gesù nel Padre Nostro ci ricorda: «Rimetti a noi i nostri debiti, come noi li rimettiamo ai nostri debitori» (Mt 6,12).

Se è difficile perdonare ci può essere però una gradualità. E il primo passo consiste nel pregare per chi ha fatto del male. S. Agostino pregava: «Signore, fa che muoia il nemico perché rinasca il fratello». È la preghiera che anche noi rivolgiamo oggi al Signore chiedendogli che si cambi, si trasformi chi ci ha fatto del male perché possiamo ritrovarlo fratello.

Cari fratelli e sorelle, il perdono non è naturale. Si deve imparare a perdonare e il primo passo è qui: nel pregare per il nostro nemico.

Se incominceremo a farlo, potremo anche capire che non è impossibile praticare l'invito al perdono che Gesù oggi ci rivolge.

Turchia, 11 settembre 2005

XXXII Domenica del Tempo Ordinario - Anno A

Cari fratelli,

il vangelo di oggi (Mt 25,1-13) ci invita ad essere sempre pronti a ricevere il Signore. Noi non sappiamo quando verrà, ma sappiamo per certo che verrà, per farci stare insieme con lui.

La tentazione, contro la quale dobbiamo combattere, è quella di scambiare il tempo presente come se fosse tutto il tempo, cioè di prendere come assoluto ciò che è relativo. Alcuni antichi filosofi invitavano a pensare spesso alla morte. Eppure in questo invito non c'è niente di triste, di pauroso. Pensare alla morte serve per vivere con maggiore intensità la vita. Il pensiero della morte serve a ricordarci che siamo dei pellegrini, siamo esseri in cammino verso la meta che non abbiamo ancora raggiunto.

Questa vita, poi, non è la distruzione totale, la fine del nostro essere. Gesù, nel vangelo, parla piuttosto di un incontro con lo sposo, cioè con la persona più amata. E anche san Paolo parla di un incontro con il Signore e di uno stare sempre assieme a Lui.

Questa è la grande speranza che deve sostenere la nostra vita e il modo cristiano di guardare alla morte: essa è certo un distacco, ma è anche un incontro con Colui che ci ha fatti e che ci ama.

Questa certezza ci aiuti ad andare avanti: guardiamo spesso alla meta per trovare la forza di superare le difficoltà del cammino.

Turchia, 6 novembre 2005

XIX Domenica del Tempo Ordinario - Anno B

Cari fratelli,
credo che pure noi, ascoltando le parole di Gesù del vangelo di oggi (Gv 6,41-51), ci saremmo meravigliati e, forse, addirittura scandalizzati.

Gesù si presenta come pane e, anzi, dice che darà la sua carne come cibo. Se in questa chiesa ci fossero oggi dei musulmani che cosa potrebbero pensare delle parole di Gesù? Mangiare la carne e bere il sangue di un uomo è qualcosa di terribile.

Ma, allora, come dobbiamo capire queste parole? E, soprattutto, chi le può capire?

Rispondo alla seconda domanda.

Le può capire chi conosce Gesù, chi lo segue e lo ama.

Chi non rientra in questa categoria si scandalizzerà di quello che Gesù ha detto.

In altre parole, quello che il vangelo di Giovanni ci riporta è per i cristiani che già hanno accolto Gesù.

La prima domanda: come capire le sue parole?

La risposta sta nell'esperienza dell'amore che tutti facciamo.

L'amore unisce e l'odio separa. Nel discorso di Gesù sull'Eucarestia egli ci dice che vuol essere uno con ciascuno di noi. Lui diventa parte di noi, e noi parte di Lui. L'Eucarestia è allora un miracolo dell'amore di Dio per noi. Non c'è niente di violento o di terribile nell'Eucarestia. Il pane e il vino che ci danno vita e gioia esprimono e ci mettono in contatto con Cristo.

Cari fratelli, non priviamoci di questo nutrimento spirituale.

Come Pietro diciamo anche noi a Gesù: «Signore, da chi andremo? Tu solo hai parole di vita eterna e noi abbiamo creduto in te» (Gv 6,68).

Iskenderun, Turchia, 13 agosto 2006

XXII Domenica del Tempo Ordinario - Anno B

Cari fratelli,
in ogni religione c'è un grande pericolo che si chiama "formalismo" (*şekilcilik*). Come la parola esprime, il formalismo è più attento alla forma che al contenuto, più all'esterno che all'interno.

Il formalismo era tipico delle religioni pagane in cui si riteneva che agli dei bastasse il compimento di certi atti per onorare le divinità. Nel culto pagano non era richiesta un'adesione del cuore, dei sentimenti. Bastava fare quanto richiesto per sentirsi tranquilli in coscienza.

Se oggi ci confrontiamo con il vangelo ascoltato (Mc 7,1-8.14-15.21-23) non vediamo forse che anche noi in certi momenti siamo come i pagani o come i farisei e gli scribi che Gesù condanna? Non è forse vero che talvolta noi pure trattiamo Dio come un idolo? Ci fissiamo sull'osservanza della legge, ma non arriviamo a Colui che ha voluto e dettato queste legge.

Ci riteniamo giustificati perché la domenica veniamo alla messa, eppure se la messa non ci mette in contatto con Dio e non ci fa sentire tutti fratelli, allora essa perde il suo significato. Ricordiamoci che come cristiani Dio vuole l'adesione del nostro cuore più che l'atto esterno.

Questo, certamente, è importante eppure non basta. Come dice Gesù nel vangelo non serve lodare Dio con le labbra se il cuore è assente.

Impariamo, dunque, dal vangelo di oggi a lodare Dio non soltanto con le parole ma con il cuore. L'evangelista Giovanni ci dice che Dio è amore. Cosa può dunque aspettarsi da noi se non che lo amiamo e ci amiamo?

Questo è il messaggio del vangelo che oggi siamo invitati a meditare.

Iskenderun, Turchia, 3 settembre 2006

XXXII Domenica del Tempo Ordinario - Anno B

Cari fratelli,

vi ringrazio dell'accoglienza ricevuta ieri e per l'affetto che mi dimostrate. Sono felice di essere qui con voi in questa parrocchia di Mersin che è la più numerosa ed attiva della Chiesa di Anatolia.

Sono da poco passati due anni dal mio arrivo tra voi. Come sapete, non sono stati anni facili. L'uccisione di don Andrea Santoro, le diverse questioni sorte ad Adana, Samsun, Iskenderun, gli attacchi da parte di certa stampa contro la Chiesa, la difficoltà di trovare personale, mi hanno impegnato e sono stati motivo di sofferenza.

A chi in Italia mi ha chiesto "Perché non ritorni a Roma?", ho risposto: "Io amo questa terra di Turchia e la mia gente. Perché dovrei andare via?". Posso dirvi che le difficoltà degli ultimi mesi hanno rafforzato la volontà di essere con voi in Anatolia.

In questi mesi ho incontrato due volte il Papa. Egli ha mostrato grande interesse per le nostre comunità e per la loro vita e verrà volentieri in Turchia, anche se è cosciente dei problemi che dovrà affrontare.

In vista del suo viaggio, la stampa internazionale si sta interessando molto di noi cristiani in Turchia. La radio e le televisioni nazionali tedesche, svizzere, francesi, italiane hanno dedicato e dedicheranno dei servizi sulla nostra realtà e credo che questo sia positivo, perché farà conoscere al mondo che c'è un cristianesimo "turco".

Io vi invito oggi ad essere fedeli alla nostra identità di cristiani. So che non è sempre facile. Conosco le difficoltà che a volte troviamo nella società, nel mondo del lavoro, persino nella scuola. Eppure, la nostra fedeltà a Cristo è più importante di qualsiasi cosa.

Per noi la parola "cristiano" non è un suono vuoto, ma dice chi siamo e chi vogliamo essere. Certo, è meglio esser tale senza dirlo anziché dirlo senza esserlo. L'ideale rimane tuttavia essere cristiano e avere il coraggio di dirlo.

Ricordiamoci che siamo gli eredi di quelle migliaia di martiri che, in questa terra fin dagli inizi del cristianesimo, hanno versato il loro sangue per essere fedeli a Cristo.

A noi forse non è chiesto tanto. Eppure anche a noi il Signore Gesù rivolge, come all'Apostolo Pietro, la stessa domanda: «Mi ami tu?» (Gv 21,15-17).

Dal profondo del cuore rispondiamogli, come Pietro: «Signore, tu lo sai che ti amo!».

Mersin, Turchia, 12 novembre 2006

IV Domenica del Tempo Ordinario - Anno C

Introduzione

Cari fratelli,

ringraziamo il Signore che ci concede di pregarlo e di stare assieme e ascoltiamo le letture di oggi come delle parole che Dio rivolge a ciascuno di noi.

Omelia

Cari fratelli,

se qualcuno ci chiedesse di descrivere in sintesi la vita cristiana potremmo dirgli che essa si concentra in tre elementi: fede, speranza e carità. Oggi lo ricorda a noi S. Paolo: «Queste sono le tre cose che contano: la fede, la speranza e la carità. Ma più grande di tutte è la carità» (1Co 13,13). Queste tre virtù non si possono separare: la fede in Gesù non si può separare dalla speranza in Lui. Per la stessa ragione non basta credere e sperare in Lui se non lo amiamo e se non amiamo il nostro prossimo come ha fatto Lui.

Queste parole di Paolo che ci dicono che cosa significa essere cristiano, sono per ciascuno di noi un esame di coscienza.

La nostra fede in Cristo ci permette di guardare con fiducia al futuro?

La nostra fede ci dà speranza oppure è un credere che non si riflette nella vita?

Abbiamo capito che il nostro essere cristiani richiede che abbiamo in noi la stessa carità di Cristo?

Tutti sappiamo che non è facile, eppure nessuno di noi deve mai stancarsi di guardare a Cristo come modello di amore! Ricordiamo che quando arriveremo davanti a Dio saremo giudicati sull'amore. Dio ci chiederà soltanto questo: hai amato nella tua vita? Hai cercato di seguire il mio esempio?

Dio che è Amore, ci aiuti ad imitarLo in ogni momento della nostra vita.

Iskenderun, Turchia, 31 gennaio 2010

VI Domenica del Tempo Ordinario - Anno C[1]

Cari fratelli,
benvenuti a questa Eucarestia domenicale. Il mio saluto particolare a Suor Maria Rosa, provinciale delle nostre suore.

Oggi ci stringiamo attorno a Suor Rinaldina, Suor Raffaella e Suor Giovanna che dopo anni di servizio alla nostra Chiesa di Anatolia tornano in Italia. Vogliamo accompagnarle con il nostro grazie per il silenzioso, ma prezioso, aiuto che ci hanno offerto, ma pure con la nostra preghiera.

Il Signore vi benedica per tutto il bene fatto alla nostra comunità.

Cari fratelli,
in italiano si dice che "partire è un po' morire". Veramente la nostra vita è un continuo morire e rinascere. E questo vale soprattutto per i religiosi, le religiose e i sacerdoti che dopo alcuni anni di servizio in un luogo sono chiamati altrove.

È un vero morire perché si devono lasciare persone, luoghi e cose che si sono amati. Lasciamo la sicurezza che ci siamo creati per andare verso un futuro che non conosciamo. E tutti sappiamo che il futuro ci fa sempre un po' paura.

Vorrei, tuttavia, dire che questa morte, anche se fa soffrire, è apparente, perché i vincoli di affetto, di amicizia, che sono stati creati in questo tempo, non vengano meno. Essi fanno parte della nostra vita e non si possono cancellare cambiando il luogo.

Un sapiente ha scritto che «si trasforma in un pellegrino chi cerca Dio». Voi, care sorelle, che avete dedicato a Dio la vostra vita, ora fate questa esperienza del pellegrinaggio. Dopo la sosta di Iskenderun vi rimettete in viaggio. È una nuova vita che vi attende. L'aspetto positivo è che, dovendo iniziare un altro lavoro in un altro ambiente, vi sono

---

[1]   Saluto per sr. Rinaldina, sr. Raffaella e sr. Giovanna che rientrano in Italia.

chieste nuove energie.

Sono queste energie che mantengono giovani. Voi non correte il rischio dell'immobilità, della sedentarietà. Il Signore Gesù non ha detto ai suoi discepoli "siediti e ascoltami", ma ha detto "vieni e seguimi!".

Ora lo ripete particolarmente a voi. Lasciate Iskenderun perché avete accolto il suo invito "vieni e seguimi". Ripetetegli oggi: "Ti seguirò dovunque andrai".

Noi vi accompagniamo con la nostra preghiera, con la riconoscenza per il bene che avete fatto e che ancora farete.

Siamo certi che non dimenticherete questa nostra comunità che avete amato. San Francesco, ai suoi fratelli che mandava nel mondo, diceva sempre: "Confida nel Signore ed Egli avrà cura di te". Io oggi lo ripeto a voi: "Confida nel Signore ed Egli avrà cura di te".

Iskenderun, Turchia, 14 febbraio 2010

XIX Domenica del Tempo Ordinario - Anno C

Cari fratelli,

attraverso il vangelo che abbiamo ascoltato (Lc 12,32-48), il Signore Gesù ci rivolge oggi una domanda semplice che è anche un invito ad esaminarci: dov'è il nostro cuore? In altre parole, che cosa è veramente importante per noi? Che cosa ci interessa di più?

Gesù, dicendo che là dove è il tesoro là è anche il nostro cuore, ci chiama a mettere ordine nella nostra vita.

Forse, davanti alle parole di Gesù, dobbiamo riconoscere che il nostro tesoro non è Dio. Per capirlo, basta che guardiamo il nostro cuore. Certamente in esso c'è posto anche per Dio, ma più come un inquilino tra tanti che come l'unico proprietario del nostro cuore. Eppure, sappiamo che Dio non si accontenta di una parte. Lui che ci ha donato tutto, vuole tutto.

Che cosa dobbiamo fare, fratelli? Cosa possiamo fare affinché Dio diventi il vero e più importante tesoro del nostro cuore?

Penso che il primo passo sia quello di riconoscere con onestà quanto siamo ancora lontani da Lui.

Il secondo passo sta nel chiedergli con insistenza che ci aiuti nella nostra debolezza.

Sant'Agostino ha composto un giorno una bella preghiera che esprime la volontà di cercarlo e di accogliere quanto Egli ci chiede:

«Signore, dammi quello che comandi e poi comanda quello che vuoi».

Siano queste parole ad accompagnarci in questa settimana e ad esprimere che il nostro cuore trovi in Dio il suo tesoro.

Turchia, 12 agosto 2007

XXX Domenica del Tempo Ordinario - Anno C

Cari fratelli,

oggi il Signore Gesù ci parla attraverso due personaggi che rispondono a due atteggiamenti (Lc 18,9-14). C'è il fariseo che ha l'impressione di fare sempre il suo dovere, almeno da un punto di vista esteriore, e quindi crede di avere dei diritti davanti a Dio. Soprattutto è uno che giudica gli altri e li condanna perché non sono come lui. È l'uomo che valuta il rapporto con Dio come un rapporto commerciale: io faccio il mio dovere quindi tu, o Dio, devi ricompensarmi.

Il pubblicano, invece, è l'uomo cosciente dei suoi limiti, del suo peccato. Non cerca di giustificarsi davanti a Dio, ma cerca piuttosto il suo perdono. Non si vanta del bene fatto, come se fosse un credito, ma capisce che davanti a Dio è sempre una povera creatura.

Cari fratelli, io penso che dentro ciascuno di noi viva sia il fariseo che il pubblicano.

A volte siamo come dei farisei, quando ci poniamo davanti a Dio come se fossimo sempre persone per bene. Soprattutto crediamo che Dio abbia bisogno della nostra preghiera, del nostro grazie, della nostra lode. Eppure Dio non è così e la nostra preghiera non serve a Lui, ma a noi. Egli non ha bisogno della nostra lode. Rimane sempre Dio, anche se noi non lo preghiamo e non lo lodiamo.

Siamo ancora come il fariseo quando ci permettiamo di giudicare il nostro prossimo e pensiamo che sia peggiore di noi. Eppure chi può penetrare nel cuore degli uomini? Chi ha il diritto di giudicarli? A quanti volevano lapidare una donna adultera Gesù disse: «Chi è senza peccato, lanci la prima pietra» (Gv 8,7).

Talora siamo anche come il povero pubblicano quando ci mettiamo davanti allo specchio della nostra coscienza e riconosciamo di fare il male e di non fare il bene. Eppure è proprio questo atteggiamento che Gesù loda. In altre parole egli loda chi ha la giusta misura di se stesso; chi non si fa un'immagine falsa di se stesso.

Cari fratelli, io penso che da questo vangelo possiamo raccogliere l'invito a non giudicare gli altri e a giudicare di più noi stessi. Davanti a Dio non possiamo nascondere niente, ma è importante che anche davanti a noi stessi non ci facciamo illusioni.

Impariamo allora ad esaminare, di tanto in tanto, la nostra coscienza. Questo ci servirà ad essere più graditi a Dio.

Turchia, 28 ottobre 2007

XXXI Domenica del Tempo Ordinario - Anno C

Cari fratelli,
il personaggio di Zaccheo che il vangelo di oggi presenta (Lc 19,1-10), mi è sempre stato simpatico.

Si tratta di un uomo che era malvisto dal popolo, perché era addetto a riscuotere le tasse. Quindi, stava dalla parte dei romani oppressori. È interessato sì al denaro, ma sta comprendendo che il denaro non è tutto, per questo, quando sente parlare di Gesù che sta arrivando a Gerico, cerca di vederlo. Eppure, con tanta folla presente, lui, così piccolo di statura, non ha molte possibilità. Sale allora su un albero e vince il rispetto umano. Non gli importa che cosa dirà la gente di lui vedendolo appollaiato su un albero come un uccello. Quello che importa è vedere Gesù, anzi vedere e farsi vedere. E Gesù, passando, lo nota e lo chiama. Anzi, gli fa l'onore di mangiare a casa sua e questa cena cambia totalmente la sua vita.

Cari fratelli, questo semplice episodio del vangelo ci dice che noi pure, se vogliamo vedere Gesù, dobbiamo salire su un albero, cioè dobbiamo separarci dalla folla. Con il suo esempio Zaccheo ci ricorda che dobbiamo vincere quel rispetto umano che ci impedisce di riconoscere Gesù davanti a tutti. Abbiamo il coraggio di dirci cristiani o preferiamo nasconderlo? Siamo in grado di professare la nostra fede anche fuori di questa Chiesa o il timore di essere giudicati male ci porta a tacere?

Salire sull'albero significa liberarsi dall'anonimato, significa non confondersi tra la folla. Salire sull'albero significa mostrare che l'incontro con il Signore Gesù ci interessa più dell'opinione di tutti gli altri.

È questo il messaggio che Zaccheo, peccatore convertito da Gesù, oggi ci trasmette.

Turchia, 4 novembre 2007

Carissimi,
è con grande gioia che mi ritrovo tra voi.

L'occasione della cresima a... è anche l'occasione di venire a salutarvi e stare un po' con voi. Anche se sono lontano e impegnato in tante cose, il fatto di venire a Stegaurach mi fa sempre molto bene. Vi ricordo sempre con affetto e prego il Signore che vi conservi sempre nella sua pace.

Carissimi,
certamente vorrete sapere come va la mia vita in Turchia. Ormai sto arrivando al sesto anno di questa esperienza turca che ha cambiato la mia esistenza. Ho accettato volentieri di andare in Turchia perché amo questo paese. Non sto a dirvi quali e quante difficoltà.

Eppure se oggi mi si chiedesse: sei contento di essere dove sei? Risponderei certamente di sì.

Le difficoltà non hanno ridotto, ma anzi aumentato l'amore per questa Chiesa piccola ma importante. È facile amare quando tutto va bene e funziona, eppure tutti sappiamo che l'amore si misura nella prova. E io sento di dire che amo questa Chiesa di Turchia.

Uno dei grandi sforzi per me è stato capire la cultura di questo paese. In Turchia si impara ad accettare la diversità, ma è importante anche farsi accettare. A questo proposito, l'unica strada è quella della cordialità e dell'amicizia. Ho cercato il dialogo con le autorità e con il mondo musulmano e sono sempre più convinto che il dialogo, prima di essere un incontro e confronto di idee, dev'essere un incontro tra uomini che hanno cuore oltre che mente. Se un dialogo non coinvolge il cuore non serve molto.

Un'esempio è dato dalla chiesa/museo di Tarso. Da due anni abbiamo lottato per averla sempre aperta al culto e alla preghiera dei cristiani. La strada diplomatica che abbiamo percorso non è servita a molto. Eppure attraverso un mio caro amico musulmano che è divenuto ambasciatore di Turchia presso il Vaticano, ho potuto incontrare i due consiglieri di Erdoğan e la situazione si è risolta.

Ora tutti i cristiani possono celebrare quando vogliono. È un esempio di come la forza dell'amicizia arriva là dove non giunge la diplomazia e la forza del diritto.

Forse oggi vi aspettavate una predica sulla Trinità. Ma, se vedete bene, anche in questo riferimento alla Chiesa di Tarso, troviamo un insegnamento di vita: l'amore avvicina e produce unità.

Il mistero di Dio-amore non è soltanto una realtà da contemplare, ma un modello da imitare ogni giorno. Prego per tutti voi e per me perché riusciamo a mettere nelle nostre famiglie, nella nostra società, nelle nostre Chiese dinamiche di accoglienza reciproca, di perdono, di unità.

Stegaurach, Germania, 30 maggio 2010

Solennità di Cristo Re - Anno B

Cari fratelli,

ci stiamo avvicinando al prossimo incontro che il Santo Padre avrà con la nostra comunità cristiana di Turchia. È un momento particolarmente importante per tutti noi e per la Turchia.

Come ho saputo nei giorni scorsi a Roma, è la prima volta che ci saranno così tanti giornalisti di tutto il mondo a seguire questo viaggio del Papa. È un momento fondamentale, perché gli occhi di tutto il mondo saranno puntati sulla Turchia e anche sulla nostra realtà di cristiani.

Io chiedo a tutti voi di pregare perché questo viaggio del Santo Padre possa servire a ciascuno di noi nel rafforzare la nostra identità cristiana. Preghiamo, infine, perché il dialogo con il mondo musulmano possa continuare nella pace e nel rispetto reciproco. Nel mondo attuale l'unica alternativa al dialogo è lo scontro, la violenza, ma non è questo che noi vogliamo.

Il messaggio di Gesù è stato un messaggio di pace: *pace con Dio, pace con tutti gli uomini.* Gesù ha percorso la strada della non-violenza, anche se non ha cessato di denunciare le ingiustizie del suo tempo. Ha accettato la morte che avrebbe potuto evitare, e ha fatto questo per non tradire la propria coscienza, la propria missione. Davanti a Pilato – come ricorda il vangelo di oggi (Gv 18,33b-37) – dice quello che pensa, anche se sa quali possono essere le conseguenze.

Cari fratelli, in Gesù dobbiamo vedere il modello e la guida della nostra vita. Guardiamo sempre a Lui per vedere come dobbiamo comportarci. Siamo fedeli a Lui anche nelle difficoltà della vita. Lui ha dato se stesso per noi e ha fatto questo per amore.

Guardiamo a questo amore perché noi pure possiamo darci totalmente a Lui.

Turchia, 26 novembre 2006

Solennità di Cristo Re - Anno A

Cari fratelli e sorelle,
il mio rinnovato grazie per l'invito di essere qui con voi a celebrare la festa di Cristo Re.

In ogni celebrazione liturgica c'è un aspetto spesso dimenticato. Non si tratta, infatti, soltanto di un atto di culto ma anche di una professione di fede nel mistero che si celebra. Celebrare il Natale significa esprimere la propria fede nel mistero dell'incarnazione, festeggiare la Pasqua vuol dire confessare la fede nel mistero di Cristo, morto e risorto per noi. Ma che professione di fede si può emettere nella celebrazione di Cristo Re, posta dalla Chiesa quasi a ricapitolazione dell'anno liturgico che oggi si conclude?

Noi professiamo oggi la nostra fede nella regalità di Cristo che riguarda la sua umanità. Non celebriamo Dio re dell'universo, ma piuttosto l'uomo Gesù la cui Signoria è frutto di obbedienza, titolo di conquista, non di natura. Attraverso il suo cammino di uomo Gesù è stato riconosciuto come il re di quel regno dei cieli che ha costituito il tema dominante del suo annuncio. Paolo si mostra consapevole di questa regalità che non è legata alla natura divina di Cristo, ma alla sua umanità. «Si fece obbediente fino alla morte, per questo Dio l'ha esaltato e gli ha dato un nome che è al di sopra di ogni altro... e ogni ginocchio si pieghi e... ogni lingua proclami che Gesù è il Signore» (Fil 2,8-11).

Eppure questo essere re ha una connotazione particolare che la Scrittura ci rivela. Quando la gente cerca Gesù per farlo re, egli fugge; egli non accetta che altri "lo facciano re"; eppure non fugge quando è Pilato a domandargli se sia re, anzi lo afferma ben sapendo che le sue parole segneranno la sua condanna a morte.

Se di norma il titolo di regalità è umanamente associato a potenza, forza, nel caso di Cristo tale titolo è legato all'impotenza, alla debolezza. È il titolo della croce e del crocifisso che vi pende: *"Jesùs o Nazaraios o basiléus ton Iudàion: Jesus Nazarenus rex Iudaeorum"*.

Questa è la signoria di Gesù: frutto di un amore che consapevolmente si sacrifica e liberamente sceglie una croce per trono ed una corona di spine come corona regale. Non è dunque la natura divina che fa di Gesù il re. Egli è divenuto tale per la sua croce. Questo è l'insegnamento della teologia giovannea, colto ed espresso anche nel crocifisso di S. Damiano, là dove la croce non è vista come uno strumento di tortura per un povero morente, ma come un trono su cui domina il vivente, un re circondato dalla sua corte.

La donazione di Cristo per ogni uomo espressa dalla croce, l'ha reso Signore di tutti. È l'amore e soltanto l'amore che crea il titolo al possesso. Paradossalmente è sul legno che egli esprime la sua signoria, frutto di un amore che consapevolmente si sacrifica e liberamente sceglie come corona un intreccio di spine e come trono uno strumento di tortura. Questo ci dice che, nella logica del vangelo, è l'amore e soltanto l'amore a permetterci di esercitare un'autorità sugli altri, tanto più incisiva e feconda quanto più fondata sull'autorevolezza che nasce dal sentirsi ed essere servi e non padroni.

L'occasione di questa festa della regalità di Cristo serve pertanto a ravvivare in noi la coscienza di appartenergli unicamente perché siamo stati vinti e *siamo vinti* dal linguaggio eloquente dalla sua croce. «Cristo – scrive Agostino – non vuole un condominio, vuol possedere da solo ciò che ha comperato. Ha pagato un prezzo così grande per possederti da solo» (*Comm. a Gv.,* Omelia VII 7). E se vogliamo essere suoi dobbiamo avere i suoi sentimenti, come dichiara Paolo: avere il "sensus Christi" (1Co 2,16). Sono questi sentimenti che la parabola del giudizio (Mt 25,31-46) vuole introdurre in noi per mostrare se apparteniamo o no a questo regno. L'accento nelle parole di Gesù non sta nel giudizio di condanna o di lode riservato ai cattivi e ai buoni, non sta neppure nel ruolo del Figlio dell'uomo, il "vertice" della parabola è altrove: nel riconoscimento che ogni uomo, che ogni 'singolo' per Dio è un valore supremo, come lo è Cristo che si fa riconoscere o non riconoscere in lui. Noi forse abbiamo interpretato queste parole del vangelo con un'implicita aggiunta di un avverbio: *come* («ogni volta che avete fatto/non avete fatto queste cose a uno di questi miei fratelli più piccoli, è come se l'aveste fatto a me», Mt 25,40). Eppure qui il *come* non c'è. L'avverbio *come* è altrove («Amatevi come io vi ho amati», Gv 15,12). Qui, invece, l'identificazione di Cristo con i fratelli più poveri è completa, totale, assoluta, anzi così assoluta da far paura o da non essere presa seriamente. Eppure il criterio di appartenenza al regno di Cristo sta in questo riconoscimento di Cristo negli altri. «Saulo, perché mi perseguiti?... Io sono il Gesù che tu perseguiti» (At 9,5). Anche qui vediamo che l'identificazione tra Cristo e chi soffre è completa.

Riconoscere Cristo nell'altro è il segno della Signoria di Cristo in noi. È l'esperienza di Francesco, che abbraccia i lebbrosi non per mostrare a se stesso quanto ama Dio, ma per aver finalmente trovato Dio in quanti soffrono.

Festa della regalità di Cristo, dunque, come professione di fede e di fedeltà in chi è divenuto Signore della nostra vita mediante la sua vita. Festa della regalità di Cristo che ci impegna nello sforzo incessante di riconoscere e di trattare come re coloro che incontriamo dando loro tempo, attenzione, rispetto, amore. È questo il regno di Cristo oggi.

23 novembre 2008

Solennità di Cristo Re - Anno B

Cari fratelli,
è un piacere potervi salutare ed essere con voi oggi. Vi ringrazio per l'accoglienza che mi avete dato e spero di ricambiarla in una vostra visita ad Antiochia/Tarso.

Chiedo la vostra preghiera per la mia comunità ed io vi assicuro oggi la mia per tutti voi.

Cari fratelli,
quanta amara ironia si trova nelle parole di Pilato: "Dunque tu sei re?"; ma quanto umanamente incomprensibile la risposta di Cristo in quel momento: "Tu lo dici, io sono re".

Quanto tempo prima le folle che seguivano Gesù volevano farlo re, ed egli fugge. Ora, abbandonato persino dai suoi amici, senza alcun favore popolare e senza alcun gesto di potere, afferma: "Io sono re".

Uno spettatore esterno l'avrebbe preso per pazzo, poiché affermava quello che la realtà stava smentendo. Ma ammesso che egli sia veramente re, come sarà il suo regno e quali sono i suoi sudditi? Innanzitutto va precisato che sudditi di questo regno non si nasce, ma si diventa. In tal caso però si deve essere come il proprio re, vale a dire persone che non si fermano alle apparenze e sanno andare al fondo della realtà. Circa poi il tipo di regno Gesù lo mette in evidenza quando lava i piedi ai suoi discepoli. Un re che serve i suoi sudditi: ecco che cosa intende Gesù per regalità. Ecco perché può proclamarsi re davanti a Pilato, poiché proprio in quel momento non si tira indietro, ma offre se stesso per tutti noi. Non sono pretese di superiorità che lo rendono re, ma il fatto che il primo è divenuto l'ultimo.

Assistiamo qui ad un rovesciamento di tutte le prospettive umane per le quali è più importante colui che sta più in alto. Chi comanda, chi ha danaro. Cristo introduce una scala di valori ben diversa. Negli aerei, come anche nella vita di ogni giorno, c'è sempre una business class per i vip, cioè per le persone più importanti. Sono il danaro o titoli particolari che introducono in questa categoria, eppure Gesù non conosce queste distinzioni. Lo ha ben capito San Paolo, quando ai suoi cristiani ricordava che ormai «non c'è più greco né barbaro, né schiavo né libero, né uomo né donna» (Col 3,11). Tutte le distinzioni etniche, sociali, di genere sono superate.

Eppure, per capire la regalità di Cristo, che è servizio umile, la parola chiave è 'amore'.

La vita c'insegna che si servono gli altri per interesse, per convenienza, per forza. Gesù oggi ci ricorda che chi vuole appartenere al suo Regno deve servire gli altri con amore e per amore. E qui servizio significa disponibilità di tempo, umiltà, pazienza, attenzione per chi ha bisogno di noi, chi cerca la nostra mano, il nostro sorriso, la nostra parola. Mi sembra di dirvi cose che sapete bene, eppure è sempre necessario ricordarsele.

È stato scritto che la porta verso la felicità ha una sola maniglia: quella che apre verso l'esterno. Oggi è proprio questo il messaggio che ci proviene dalla festa che celebriamo. Il tempo dei re, con i cambi culturali in corso, sta lentamente passando, ma non passerà il tempo di questo Re, nel cui regno si entra se si accetta di essere come lui che «non è venuto per essere servito, ma per servire e per dare la propria vita in riscatto di molti» (Mt 20,28).

Svizzera, 22 novembre 2009

Festa dell'Annunciazione di Maria

Cari fratelli,

ogni chiesa nel mondo è dedicata a un mistero della vita di Cristo, a Maria o a qualche santo. La nostra chiesa Cattedrale d'Iskenderun, che è la chiesa madre di tutte le chiese dell'Anatolia, è dedicata all'Annunciazione.

Questo significa che noi cristiani dell'Anatolia e, in particolare, d'Iskenderun, guardiamo con interesse specialmente a questo momento della vita di Maria.

La scena dell'annunciazione, che conosciamo, lascerebbe quasi intendere che il "fiat" pronunciato da Maria davanti all'angelo sia stato dato una volta soltanto; ma la realtà è ben diversa, e il "sì" dell'annunciazione è stato soltanto l'inizio di una lunga serie di "sì" che tocca il culmine sotto la croce.

La fedeltà di Maria verso Cristo non è stata soltanto la fedeltà della madre verso il figlio, ma una fedeltà della donna credente che si lascia guidare da Dio con totale abbandono.

Chiediamo oggi a Dio, attraverso l'intercessione di Maria, d'imparare a dire il nostro "sì" con la stessa fiducia e disponibilità.

Iskenderun, Turchia, 25 marzo 2006

Cari ragazzi,
questo è un momento particolare perché Idris riceverà il Battesimo. Quasi tutti noi l'abbiamo ricevuto da bambini e i nostri genitori ci hanno presentato al Signore. Noi non sapevamo che cosa è avvenuto allora e neppure ci ricordiamo.

Oggi, attraverso il Battesimo di Idris, rinnoviamo anche il nostro e preghiamo per Idris affinché sia sempre un cristiano coraggioso e coerente.

Caro Antonio,
ti chiamo con questo che sarà il tuo nome da cristiano. Fino ad ora ti chiamavi Idris, ora sei Antonio. Che significa il fatto di cambiare nome? Indica che sei diverso da prima e questo miracolo lo fa il Battesimo che riceverai.

Dio ama tutti gli uomini, però, attraverso il Battesimo, tu divieni fratello di Gesù e Gesù ci ha insegnato che Dio è Padre e vuole che lo trattiamo come il Padre migliore che esiste. Egli vuole che abbiamo fiducia in Lui; che chiediamo il suo aiuto nel bisogno; che ci sentiamo certi del suo amore anche quando sbagliamo. Dio è veramente il tuo 'papà'! Questo è il miracolo che ha fatto Gesù: egli ci ha aperto gli occhi.

Caro Antonio,
l'acqua che io verserò sulla tua testa ti libera dal peccato. Adesso sei come un bambino appena nato. Sei tutto pulito.

Io poi ti ungerò con l'olio santo e questa unzione si fa per i sacerdoti e per i re. E tu diventi sacerdote e re davanti a Dio.

Poi ti darò una veste bianca per dirti che devi cercare di rimanere sempre bianco come la neve. Vedi quanta gente c'è qui oggi? Sono venuti perché sei loro amico, sono venuti per dirti che ti vogliono bene, sono venuti per pregare per te.

Noi ti siamo tutti vicini in questo momento importante della tua vita. Diventerai cristiano. Porta con orgoglio questo nome e soprattutto comportati sempre da vero cristiano.

Per questo noi ti accompagniamo con la nostra preghiera.

Iskenderun, Turchia, 13 febbraio 2010

Confermazione

Cari fratelli,

come ho promesso, sono tornato da voi per mostrarvi che la comunità di Mersin mi sta molto a cuore. Oggi abbiamo una doppia festa: la manifestazione del Signore e il conferimento della cresima.

Credo che questa dell'Epifania sia la festa più ecumenica dell'anno perché la celebriamo con i fratelli ortodossi sempre nella stessa data. Per la Pasqua, purtroppo, non è ancora così.

L'Epifania completa il Natale. Nel Natale ricordiamo la nascita di Gesù, nell'Epifania comprendiamo il perché della sua nascita. Cristo è venuto nel mondo per portarci la salvezza.

È giusto che ognuno di noi si chieda, però, che cosa è questa salvezza. Spesso usiamo delle parole senza capirne il pieno significato, oppure le capiamo in un senso sbagliato.

Salvezza significa che non siamo soli nella vita, ma che Dio, come un Padre buono, si prende cura di noi. È questo che Gesù ci annuncia con la sua rivelazione.

Salvezza significa che Dio ama tutti gli uomini e vuole che tutti siamo con lui.

Salvezza significa cercare e trovare in Gesù – come i magi – il senso della vita.

Salvezza significa, infine, vivere nella gioia di sapere che tutto serve al nostro bene se noi amiamo Dio, anche le sofferenze, le difficoltà.

Il Signore Gesù, prima di morire, ci ha promesso d'inviarci un altro consolatore perché continui a fare quanto lui ha operato.

Chiediamo allora oggi per questo giovane che riceverà la cresima e per noi tutti che lo Spirito continui a farci sentire che già siamo salvati, perchè già siamo amati da Dio.

In particolare, per te... chiediamo che lo Spirito di Dio riempia il tuo cuore e ti renda testimone coraggioso di Cristo.

Mersin, Turchia, 7 gennaio 2007

Confermazione

Cari fratelli e sorelle, cari ragazzi,
è con grande gioia che mi ritrovo qui in mezzo a voi. Venire a Concordia è per me sempre un tornare a casa. E la casa non sono le mura, le strade, la chiesa. La casa sono i volti delle persone che si amano. Il calore di una stretta di mano, la gioia dipinta sui volti quando ci si ritrova.

Per questo dico che per me venire qui è tornare a casa, perché io trovo tutto questo.

Non ho esitato un momento, quando don Pierluigi mi ha chiesto di venire ad amministrare il sacramento della cresima. Anche questo è un modo di mantenere vivo quel legame che ormai dura dalla mia infanzia.

Oggi, cari ragazzi, la nostra comunità è in festa a motivo di voi che riceverete il dono dello Spirito. Io parlo di "dono" perché Dio non ci deve nulla e tutto quello che fa per noi, lo fa senza obbligo e per puro amore.

Talvolta nella vita tutto ci sembra normale: è normale avere una famiglia, avere un'educazione, avere amici, avere divertimento, ecc. Così ci sembra anche normale ricevere il Battesimo; normale ricevere la cresima. Sembra così che tutto ci sia dovuto, anzi che tutti questi momenti siano niente più che dei riti di passaggio nelle stagioni della vita: Battesimo da bambini, comunione e cresima da ragazzi, matrimonio da giovani e... funerale da anziani.

Ma è proprio tutto qui? Si tratta soltanto di forme che si accettano perché la tradizione, la famiglia lo vuole?

A voi, ragazzi, dico che non è così. Dovete andare al di là dei gesti e delle parole e capire la forza che contengono. Sapete che cosa ha fatto Gesù e che cosa hanno fatto i suoi primi apostoli? Hanno creato meraviglia, stupore, interesse. Hanno fatto nascere domande, hanno suscitato interrogativi.

Se non si crea stupore non si muove niente e tutto sembra normale.

Gesù ha creato meraviglia in chi lo vedeva e l'ascoltava. I suoi miracoli non erano soltanto gesti di guarigione e di liberazione, ma anche dei "segni" che facevano nascere la domanda: "Chi è? Perché fa questo?". Le stesse domande si ponevano i pagani dinanzi agli apostoli e ai martiri: "Chi sono? Perché sono in grado di sacrificare la vita? Per chi lo fanno?".

Anche noi oggi ci poniamo la stessa domanda, ma noi abbiamo già la risposta: è lo Spirito Santo che ha reso Gesù annunciatore del Padre e i suoi discepoli, annunciatori del Padre rivelato da Gesù. Gesù inaugura la sua missione quando lo Spirito Santo scende su di lui al momento del Battesimo.

Gli Apostoli iniziano la loro missione nel giorno di Pentecoste dopo che lo Spirito scende su di loro. È questo Spirito che li cambia da uomini paurosi in testimoni coraggiosi. Chi li conosceva prima non li riconosce più. Chi li vede pensa siano ubriachi e veramente lo sono, ma per la gioia di sentirsi cambiati. Saulo, il fondamentalista ebreo che cercava i cristiani per perseguitarli a causa di Cristo, dopo l'esperienza dell'incontro con lui a Damasco, diventa pazzo d'amore per lui e suo appassionato testimone.

Cari ragazzi, questo stesso Spirito che è sceso su Gesù, sugli Apostoli e su Paolo oggi scenderà su di voi. Nel vostro cuore dovete provare meraviglia per questo fatto. Esternamente non vedrete niente, eppure questo dono immeritato dello Spirito agirà profondamente nella vostra vita, se darete il vostro 'sì'.

Ricordate che da oggi voi siete dei testimoni della vostra fede. Lasciatevi investire dalla potenza di Dio che vuole possedervi. Sembra strano dirlo, eppure, è così: Dio vuole aver bisogno di voi, del vostro cuore, della vostra intelligenza, di tutta la vostra umanità.

Vi chiamate cristiani perché la parola *Christos* significa "unto" e voi oggi sarete unti di Spirito Santo per la missione di testimoniare ed annunciare Cristo, facendo del bene come fece Lui.

A voi non sarà probabilmente chiesto di testimoniare la vostra fede sino a dare il sangue. Qualcuno l'ha fatto. Io vi ricordo un mio sacerdote che tre anni e mezzo fa in Turchia è stato ucciso in chiesa mentre pregava.

Quanto mi ha colpito di questa triste vicenda non è il fatto, peraltro orribile, che sia stato ucciso da un giovane. Mi ha piuttosto colpito che, tra il primo colpo di pistola che gli ha traforato i polmoni e il secondo colpo che gli ha attraversato il cuore, abbia avuto la forza di dire al giovane che era in chiesa con lui: "Proteggiti". Quest'ultima parola nella vita di don Andrea è la grande testimonianza che mi ha lasciato e che io oggi trasmetto a voi. Essere testimoni di Cristo, significa pensare più agli altri che a se stessi. Questo è essere cristiani. Capire che si vive veramente se si vive per gli altri.

Vi aiuti in questo impegno lo Spirito che oggi riceverete in dono, e la preghiera di tutte le persone che oggi sono qui con voi a testimoniarvi con la loro presenza l'affetto che nutrono per voi

Concordia (Venezia), 23 maggio 2009

Confermazione

Cari fratelli e sorelle,
ringrazio il parroco Walter e voi tutti per la gioia che mi date
di essere con voi. In particolare sono felice di poter amministrare il sacramento della confermazione a voi ragazzi, che saluto cordialmente.
Quest'anno le occasioni per venire a Stegaurach sono state poche
e ridotte nel tempo, eppure sono sempre felice di tornare a casa. Come
'cittadino onorario' di Stegaurach penso d'avere il diritto di dire che
"torno a casa". Voi siete la mia casa. Le mura richiamano alla memoria
ricordi, avvenimenti, ma in sé sono mute, mentre sono le persone che
costituiscono la casa, proprio come siamo noi che qui facciamo la Chiesa. Alla porta delle vostre case ci sta il vostro cognome e quando andate
da amici o parenti non dite: io vado in casa di..., ma dite io vado da...
Le persone e non le pareti danno senso ai luoghi. Oggi, voi ed io siamo
l'unica casa, uniti dalla stessa fede, radunati attorno alla stessa mensa,
proprio come un'unica famiglia.
Cari ragazzi, come penso saprete quest'anno celebriamo i duemila
anni della nascita dell'apostolo Paolo. Voi conoscete la sua storia. Era
un fondamentalista ebreo, amava la legge più delle persone e aveva un
concetto di Dio giusto che accoglie alcuni e rifiuta altri. Eppure anche
da persecutore dei cristiani Paolo era un uomo retto e coerente con i
suoi principi.
Come egli racconta, sulla strada di Damasco gli appare il Signore
Gesù che lo rende cieco per ridargli la vista e per fargli capire che le persone valgono più della legge e che Dio è buono verso tutti. Soprattutto
gli fa capire che nella vita tutto è dono[1].

---

[1]   Nel paragrafo che segue riportiamo una nostra traduzione di un ampio capover-
so che nel documento originario appare in lingua tedesca, e che riportiamo di seguito
(NdC). „A Damasco Paolo macht die Erfahrung des Beschenktseins und der Gnade, die
im paulinischen Sprachgebrauch den Grundsinn von „Wohlwollen" ausmacht. Die
Tatsache begnadet zu sein, öffnet die Augen des Apostels für ein neues Gottesbild, das
in seinen gesamten Weg begleiten wird. Ab diesem Moment wird Christus sein einziger

A Damasco Paolo fa l'esperienza della gratuità e della grazia, che nel linguaggio paolino esprimono il senso fondamentale della "benevolenza". Il fatto di essere graziato, apre gli occhi dell'apostolo verso una nuova immagine di Dio, che lo accompagnerà per sempre lungo la sua strada. Da quel momento Cristo diventa il suo unico e fondamentale punto di riferimento dell'esperienza religiosa. Per questo egli scrive così appassionatamente ai Galati: «E questa vita, che io vivo nel corpo, la vivo nella fede del Figlio di Dio, che mi ha amato e ha consegnato se stesso per me» (Gal 2,20). Questi due aspetti – la coscienza della grazia

und fundamentaler Bezugspunkt religiöser Erfahrung. Daher schreibt er leidenschaftlich an die Galater: „Soweit ich aber jetzt noch in dieser Welt lebe, lebe ich im Glauben an den Sohn Gottes, der mich geliebt und sich für mich hingegeben hat." (Gal 2,20). Diese beiden Aspekte – Bewusstsein der Gnade und neues, durch Christus vermitteltes Gottesbild – betrachten uns aus der Nähe, denn es besteht immer die Versuchung, dass der Mensch meint, er könne sich selbst erschaffen – gerade in unserer Zeit nimmt diese Gefahr auch aufgrund sozio-kultureller Zwänge zu, die besagen, der Mensch müsse sein Leben selbst in die Hand nehmen und sich so schlussendlich zum einzigen Bezugspunkt seiner Wirklichkeit machen. Neben der Gefahr, das Ich in den Mittelpunkt des religiösen Interesses zu stellen, statt des göttlichen Du, besteht auch die Gefahr, Gott im Bezugspunkt des eigenen Messens und Maßes einordnen zu wollen. War nicht er es, Saulus, der im Namen dieses Gottes, die Christen verfolgte? Gehörte nicht auch er zu jener Gruppe, die ihn später umbrachten und dachten, damit Gott zur größeren Ehre zu gereichen? (vgl. Joh 16,2) Auch in unseren Tagen können wir Terroristen sehen, die im Namen Gottes andere Menschen umbringen. All das zeigt die widersprüchlichen Praktiken, die sich ergeben, wenn Gott nur nach dem eigenen, so beschränkten menschlichen Maß gemessen wird. Im Treffen mit Christus in Damaskus beginnt der Apostel zu erkennen, dass die Liebe sich als das erste und wichtigste hermeneutische (Deutungsprinzip?) Prinzip des christlichen Glaubens zeigt, der sich nie erklärt, wenn nicht das Herz einbezogen ist. Menschlich ist es schwer nachvollziehbar, wie Gott sich bis zu uns herabbeugen kann. Es ist leichter, ihn mit der Distanz seiner Erhabenheit als den Allmächtigen und Barmherzigen zu erkennen. Zwar leichter, aber auch zugleich weniger existentiell greifbarer, sich als Diener statt als Kind zu sehen. Es ist das von Paulus verkündete Proprium des christlichen Glaubens, dass die Liebe des Vaters, die sich in Christus materialisiert nicht einfach eine Verlängerung der menschlichen Liebe ist, sondern eine unendliche Liebe. Die unbedeutende Kreatur, die jeder von uns ist, findet sich als von ihm entworfen, gewollt und geliebt. Der Gott der Liebe, der uns durch das Kreuz zeigt, wie wichtig wir ihm sind, erbittet durch die Güte seines Sohnes und durch seine Liebe unsere Erwiderung. Was gibt es paradoxeres und zugleich erhebenderes für den Menschen? Paulus übersteigt dieses Paradox, indem er die göttliche Wirklichkeit aufweist als eine Omnipotenz des Seins und eine Omnipotenz der Liebe".

e la nuova immagine di Dio, mediata da Gesù Cristo – ci riguardano da vicino, poiché vi è sempre la tentazione per l'uomo di potersi fare da sé; proprio nel nostro tempo questo pericolo aumenta anche a causa di costrizioni socioculturali, che affermano come l'uomo debba prendere in mano la propria vita e fare definitivamente di se stesso l'unico punto di riferimento della propria realtà. Accanto al pericolo di porre l'io al centro dell'interesse religioso al posto del Tu divino, si trova anche il pericolo di voler ridurre Dio stesso al proprio calcolo e alla propria misura. Non era proprio questo Saulo, che in nome di questo Dio perseguitava i cristiani? Non apparteneva anch'egli a quel gruppo, che più tardi uccise Gesù, pensando con ciò di dare maggiore gloria a Dio? (cf. Gv 16,2). Anche ai nostri giorni possiamo vedere terroristi che in nome di Dio uccidono altre persone. Tutto ciò mostra il comportamento contraddittorio che si ottiene quando Dio viene compreso solo secondo la propria misura umana, così limitata. Nell'incontro con Cristo a Damasco l'apostolo comincia a capire che l'amore si mostra come il primo e il più importante principio interpretativo della fede cristiana, la quale rimane inspiegabile, se non arriva a coinvolgere il cuore. Umanamente è difficile da capire come Dio si sia abbassato fino a noi. È più facile riconoscerlo nella distanza della sua superiorità come l'Onnipotente e il Misericordioso. Certamente è più facile, ma anche al contempo esistenzialmente meno tangibile, vedersi come suo servo piuttosto che come suo figlio. È questo il *proprium* della fede cristiana annunciato da Paolo: che l'amore del Padre, che si è concretizzato in Cristo, non è semplicemente il prolungamento dell'amore umano, ma un amore infinito. La creatura insignificante, che ognuno di noi è, si trova qui come pensata, voluta e amata da lui. Il Dio dell'amore, che nella croce mostra a noi quanto importanti siamo per lui, chiede la nostra risposta alla bontà del suo figlio e al suo amore. Cosa c'è di più paradossale e al contempo di più elevante per l'uomo? Paolo trascende questo paradosso, mostrando la realtà divina come una onnipotenza dell'essere e una onnipotenza dell'amore.

Cari ragazzi, cosa pensate che Dio si aspetti da voi? Essere buoni, osservare i comandamenti? Non essere egoisti? Tutto questo lo faceva anche Paolo prima di Damasco. Eppure se, come Paolo, non scoprite di essere amati senza alcun merito, non sarete in grado di amare veramente. Se non scoprite che tutto nella vita è dono, vi sarà difficile dare agli altri gratuitamente. Dio non è un commerciante e noi non siamo suoi creditori che vantano dei diritti. Davanti a lui siamo sempre debitori.

Amore e gratuità sono due parole che vanno sempre assieme. Sono le parole che spiegano il perché della croce. Sono le parole che vi fanno capire anche il senso della vostra confermazione di oggi. Oggi infatti ricevete lo Spirito di Gesù che è spirito di amore. Lo ricevete non come diritto, ma come dono. E perché lo ricevete? Per diventare sempre più simili a Gesù sino a diventare uno con Lui. Sapete che l'amore trasforma chi ama nella persona amata?

Quando poi parlo di amore non intendo il sentimento, che pure è una componente importante, ma intendo quel voler bene che spinge le persone a riflettersi negli altri sino a sacrificarsi per gli altri.

Questo è stato l'amore che Paolo ha scoperto in Cristo quando dice: «Mi ha amato e ha dato tutto se stesso per me» (Gal 2,20).

Cari ragazzi, adesso tocca a ciascuno di noi fare la stessa esperienza dell'apostolo. Pregate lo Spirito del Signore che vi aiuti in questo impegno. Per questo oggi vi viene dato.

Alla vostra preghiera si unisce quella di tutte le persone che vi amano e che oggi sono presenti in questa chiesa: genitori, parenti, amici.

Quello che essi ed io vi chiediamo è una cosa sola: mostrateci che non avete ricevuto inutilmente lo Spirito del Signore; lasciatevi trasformare da Lui come ha trasformato Paolo. Senza la vostra collaborazione non può fare nulla, con voi può fare tutto, può addirittura cambiare il mondo.

Dio vuole avere bisogno del vostro cuore, della vostra intelligenza, della vostra forza. Aiutateci a credere attraverso la vostra fede, aiutateci a sperare mediante la vostra speranza, fateci capire con la vostra vita che quanto dà senso completo alla vita è l'amore ricevuto e donato.

Stegaurach, Germania, 20 giugno 2009

Ordinazione diaconale di fra Françis Joo Hyun Kang
al Collegio San Lorenzo da Brindisi

C'è una parola molto cara a Francesco; un vocabolo che, assieme ai suoi derivati, ricorre molto frequentemente nel linguaggio del santo è il termine 'servus' e 'minister'.

La preferenza per questo particolare modo d'esprimersi è sintomatica della volontà di Francesco di voler imitare Cristo inteso fondamentalmente come "colui che è venuto per servire e non per essere servito".

Proprio questa dimensione di Cristo servo è diventata per Francesco un filtro di lettura di tutta la vicenda umana di Gesù, dall'incarnazione sino alla morte in croce, ma è divenuta pure la chiave per comprendere il suo cammino spirituale. Persino la sua scelta di essere diacono può considerarsi non già come un gesto di umiltà o di timore dinanzi al ministero sacerdotale, quanto un modo per assomigliare più perfettamente a Cristo servo.

Francesco sapeva bene che il significato di 'diacono' è 'servo'. La sua spiritualità è dunque diaconale nel senso più ampio della parola, perché non limita il diaconato alla sola liturgia e alla predicazione, ma diventa un modo di essere. Vi è pertanto una stretta connessione e convergenza tra l'essere frate minore e l'essere diacono.

Mi è parso giusto ricordarlo a voi, cari fratelli, che diventate diaconi non da laici, ma da frati minori cappuccini.

A voi vorrei appunto fare presente che il diaconato non va vissuto come un gradino in vista del sacerdozio, ma è una chiamata a sé stante – anche se limitata nel tempo – perchè ha una sua fisionomia, una sua spiritualità e quindi va vissuta approfondendo quello che significa. La discrezione e l'umiltà del diacono nel suo servizio all'Eucarestia non sono soltanto esigenze tecniche di qualità liturgica, ma un imperativo spirituale che procede dall'approfondimento del mistero di Cristo servo. L'esercizio del vostro ministero liturgico deve diventare un'esperienza spirituale che dà senso a tutti gli altri aspetti del vostro diaconato. Ricordate quanto la *Lumen Gentium* scrive a vostro riguardo: a voi sono imposte le mani «non per il sacerdozio, ma per il servizio» del popolo di Dio nella liturgia, nella parola e nella carità (LG 29).

Ignazio d'Antiochia, che è tra i primi a formulare una teologia dei ministeri, parlava dei diaconi come dei «servi di Gesù Cristo» (Magn. 6) e Policarpo si esortava a vivere nella verità tracciata dal Signore «che fu 'diacono', cioè servo di tutti» (Fil 5).

Il vostro ministero diaconale avrà dunque senso se sarete diaconi nella vita, prima ancora che sull'altare, o meglio, se il servizio liturgico sarà un'espressione concentrata, una performance di quello che vi sforzate di essere nella vita: uomini che hanno inteso come c'è più gioia nel dare che nel ricevere, uomini che come Cristo e per Cristo sanno piegarsi davanti alla debolezza degli altri, non come chi comanda, ma come colui che serve.

Tutti noi sacerdoti presenti in questa chiesa sappiamo quanto è difficile essere fedeli alla vocazione alla quale Dio ci ha chiamati. È più facile essere ministri dell'altare secondo lo stile pagano antico, dove la funzione che si esercita può prescindere dalle qualità morali e dove l'osservanza esteriore delle rubriche sembra più importante delle disposizioni del cuore. Ma per un servo di Cristo che è chiamato ad essere sua immagine, non può essere cosi, perché questo Cristo che parla attraverso di voi, è Colui che parla anzitutto a voi. Voi siete i primi destinatari delle cose che annuncerete. Le vostre prediche devono interpellare voi, prima e più degli altri.

San Gerolamo, con l'ironia che gli era propria, in una lettera a Nepoziano, scriveva: «Non ti succeda che quando parli in chiesa qualcuno sotto, sotto, ti risponda: Ma bravo! E tu perché non lo fai?»

Non lasciamo che i nostri limiti, le nostre fragilità, ci rendano muti o altoparlanti senza anima. E questo avverrà se guardiamo a Cristo come al nostro modello di servizio al quale sempre riferirsi. Al suo clero Ambrogio ricordava che «non può scaldarsi per un altro chi non ha Cristo in sé». Per usare un'immagine di Chiara d'Assisi, Egli è lo specchio nel quale ogni giorno guardarsi. Guardate a Lui per vedere se portate la sua immagine, e se non la trovate conforme, non rompete lo specchio o non mettetetelo da parte per paura. Continuate a guardare, nonostante tutto, perché questo specchio vi trasforma. Così, quando dovrete parlare al popolo di Dio, preparatevi davanti allo specchio, non tanto per studiare la vostra mimica, quanto per misurare sul vostro volto e nel vostro cuore la sincerità delle vostre parole, ma anche per annunciare una parola che sia comprensibile e arrivi a chi vi ascolta.

Gesù ci invita ad imitare Dio e la misura di questa imitazione è espressa da un "come" ("siate misericordiosi come..."). Dopo aver lavato i piedi ai suoi discepoli Gesù presenta se stesso come modello e li invita a fare altrettanto ("come ho fatto io, così fate anche voi").

Caro Francesco, la riuscita del tuo ministero diaconale dipenderà dalla serietà con cui questo "come" orienterà le tue scelte, i tuoi comportamenti. Ma voglio ancora ricordarti che questo "come" non si può realizzare se non è preceduto da un "con". È l'essere "con" Cristo che trasforma nell'essere "come" Cristo.

Oggi la comunità del Collegio San Lorenzo ti mette al centro della sua preghiera e ti ringrazia perché, attraverso di te, abbiamo la possibilità di rinnovare la nostra scelta diaconale di servirci gli uni gli altri perché abbiamo scelto di servire Cristo.

Roma, 18 febbraio 2007

Pochi mesi dopo, il 29 settembre 2007, mons. Padovese presiede, nella chiesa di san Francesco a Milano, l'ordinazione diaconale di altri tre frati: fra Gian Paolo Mai, fra Lorenzo Cabrini e fra Giorgio Rizzi. L'omelia riprende i temi proposti nella precedente occasione e si conclude con un pensiero affettuoso ai candidati.

Oggi la nostra comunità cappuccina e i vostri parenti ed amici convenuti qui, vi mettono al centro della loro preghiera e vi ringraziano perché attraverso la vostra ordinazione, ci ricordate che il senso della vita cristiana è quello di servirci vicendevolmente. Siate fedeli a questo impegno. Adesso vi mettiamo sul candelabro come una fiamma viva: dateci quella luce di cui abbiamo bisogno per vivere la nostra vocazione di discepoli di Gesù, servo per amore.

Ordinazione presbiterale di fra Daniele Cavagna
e fra Yunus Demirci

Carissimi Yunus e Daniele,
sono felice di essere io ad accompagnarvi in questo momento fondamentale della vostra vita. Nell'esistenza umana gli inizi sono
sempre contrassegnati da un sentimento di trepidazione, ma anche di
gioia. Voi, oggi e per sempre, vi accostate all'altare per ricevere il dono
dello Spirito che vi abilita a servire la Chiesa con l'atteggiamento di
Gesù. Io per la prima volta ho la gioia di dare a voi ciò che anch'io, gratuitamente e senza alcun merito, ho ricevuto: quello Spirito che ha reso
i primi discepoli testimoni di Colui che "passò facendo del bene".
Vorrei ricordarvi che riceverete il dono dello Spirito da frati minori
cappuccini. È su questa realtà che si appoggia il vostro essere sacerdoti.
Non sarete, pertanto, sacerdoti cappuccini, ma cappuccini sacerdoti.
La specificità del vostro ministero è data dal vostro essere frati minori
ed è in questo che dovrete ricercare sia le ragioni che la forma del vostro
presbiterato. Nella lettera che Francesco indirizza a tutto l'Ordine, parla
dei «Sacerdoti della fraternità, umili in Cristo» (Ep. Ord. 2), ossia dei sacerdoti che vivono il loro ministero come servizio, nell'uguaglianza con
tutti i loro fratelli, amministrando il sacramento della riconciliazione in
spirito di misericordia e ricercando nell'Eucarestia i fondamenti della
loro umiltà e donazione di se stessi. È dunque a voi che oggi il padre
san Francesco indirizza queste parole: «Come il Signore Iddio onorò voi
sopra tutti gli uomini a causa di questo ministero, così voi più di ogni altro uomo amate, riverite, onorate Lui... Guardate frati l'umiltà di Dio...
umiliatevi anche voi. Nulla, dunque, di voi tenete per voi, affinché vi
accolga tutti colui che a voi si dà tutto» (Ep. Ord. 24,28-29).
Cari Yunus e Daniele la vostra vocazione sacerdotale che si appoggia
sul vostro essere frati minori vi impegna ad una radicalità addirittura
più grande rispetto agli altri. Questo è il senso della predilezione di Dio
che non si poggia sui vostri meriti, sulle vostre capacità, ma che vi sceglie perché diventiate testimoni per tutti di come Egli sa operare meravi-

glie anche con strumenti umani poveri.

Nello scegliere il brano odierno del vangelo già mostrate d'aver capito qual è il cammino da percorrere. È anzitutto un essere inseriti in Cristo. E i frutti che produrrete saranno la conseguenza di questo essere in Lui. «Chi rimane in me e io in lui, fa molto frutto, perché senza di me non potete fare nulla» (Gv 15,5). Rimanere in lui significa anzitutto amarlo e mantenere vivo il bisogno di essere uno con lui: lo stesso cuore, gli stessi pensieri, gli stessi interessi. "Amare significa assumere i tratti dell'amato". Si rimane con Lui per diventare come Lui. Non siete servi – dice Gesù – ma siete amici, cioè confidenti, persone di cui ci si può fidare, uomini che lo conoscono e che parlano di Lui non per sentito dire, ma per esperienza personale di intimità; discepoli che non predicano un'ideologia ma un lieto annuncio, cioè un annuncio che rallegra i cuori di quanti lo ascoltano: «Gustate e vedete quanto è buono il Signore» (Sal 34,9).

Come scriveva sant'Ambrogio: «Non può essere riscaldato chi non è vicino al fuoco ardente e non può riscaldarsi per un altro chi non ha Cristo per sé» (*Lettera ai membri del suo clero*).

Nell'accogliere la chiamata al ministero sacerdotale è pertanto implicita la vostra volontà di diventare cristiformi. E il cammino per divenirlo non è sempre facile. L'ordinazione vi mette sulla strada, ma non vi risparmia dalla fatica della strada. Considerate la vostra ordinazione un inizio, non un traguardo. Soprattutto non scoraggiatevi davanti alle vostre incoerenze, alla distanza che potrà separare la vostra vita dal messaggio che annunciate. Siete in cammino, non siete degli arrivati. Già Origene al suo tempo si chiedeva: «Forse che possiamo noi nascondere e non comunicare ciò che è scritto solo perché la coscienza ci rimprovera? Non voglio diventare colpevole di un doppio crimine. Confesso, apertamente confesso dinanzi al popolo che ascolta, che queste cose si trovano scritte anche se so che io non le ho ancora attuate».

E dunque, cari Yunus e Daniele, quando predicate agli altri siate voi i primi ascoltatori delle cose che annunciate. La parola che esce dalla vostra mente raggiunga anzitutto il vostro cuore. La "suprema delle arti", come i Padri definiscono il ministero sacerdotale, si applichi anzitutto alla vostra vita. Lasciate che l'annuncio che proclamate interpelli anzitutto voi.

Lo ripeto, quando predicherete non pensate anzitutto agli altri, ma a voi stessi. Parlate a voi, prima che parlare agli altri e così avrete quella sensibilità, quella misericordia, quella pazienza che si richiede da un pastore che misura gli altri a partire dalla propria fragile umanità. Come ci ricorda san Gregorio Magno: «Noi che siamo uomini deboli, quando parliamo di Dio agli uomini, dobbiamo prima ricordarci quel che siamo, e studiare dalla nostra infermità il modo di provvedere ai fratelli infermi» (*Moralia* 23,25).

Ancora da Gregorio Magno raccolgo per voi l'invito a non affannarvi troppo sulla via, dimenticando la meta. Dovete essere maestri di umanità, come affermava Paolo VI, ma non dovete fermarvi all'umanità. Siete ponti tra Dio e gli uomini, o – per usare un'immagine più moderna – siete come dei traduttori che dovranno servire due padroni: da un lato Dio che ci parla; dall'altro gli uomini che ascoltano. Fedeltà alla parola di Dio e volontà di renderla accessibile a quanti vi ascolteranno sono il vostro compito. Avete due orecchie, ma una bocca sola. Con l'una ascoltate il Signore nella preghiera, con l'altra ascoltate chi vi sta attorno. Equilibrate le due voci perché quanto proclamate con la vostra bocca non sia un discorso vicino a Dio ma lontano dagli uomini, o un discorso che, ascoltando troppo gli uomini, sia sordo per la voce di Dio.

Diventate sacerdoti nell'anno dell'Eucarestia. Giovanni, mentre nel vangelo di oggi ci ricorda che il Signore ci chiama amici, ha ben presente che lo stesso Signore s'è fatto servo lavando i piedi. Non è senza significato che mentre gli altri evangelisti collochino l'Eucarestia al centro dell'ultima cena, Giovanni la sostituisca con la lavanda dei piedi. Sembra dunque che tale lavanda sia un'interpretazione, una lettura del senso ultimo dell'Eucarestia. Cristo si dona, si spende totalmente e nell'Eucarestia ci rammenta quotidianamente il senso ultimo della vita cristiana come vita di amore oblativo, di concreto e generoso servizio.

Quando tra breve e per la prima volta direte con me le parole di Gesù: «Fate questo in memoria di me», non pensate all'adempimento di un rito, di un atto chiuso. Il rito è sintesi, performance della vita. Per questo il «fate questo in memoria di me» non si limita a ripetere dei gesti e delle parole, ma si allarga all'intera vita. E dunque, «fate questo in memoria di me» significa vivete come me, offritevi come me. La memoria della cena è la memoria d'una vita spesa per il Padre e per gli uomini. Mantenere viva questa memoria nella celebrazione quotidiana dell'Eucarestia, vuol dire essere di continuo riconfermati nella vostra identità di sacerdoti, ossia uomini che hanno scelto di essere uomini di Dio per gli uomini che Dio ama.

Cari Daniele e Yunus, vi accompagniamo oggi con la nostra preghiera carica di quell'affetto che vi lega a ciascuno di noi: i vostri genitori, i vostri educatori, le vostre famiglie – sia quelle provenienti dai legami del sangue che quelle costruite dal vivere lo stesso ideale –, i vostri amici e tutti coloro che oggi sono qui. Non siete soli. Sentite che vi accompagniamo all'inizio del vostro ministero come si accompagnano con applausi i calciatori che scendono nello stadio. Soprattutto sentite che il Signore che vi ha scelto, è con voi. "Chiunque tu sia – scriveva sant'Ambrogio ai suoi sacerdoti – chiunque tu sia che fai parte dell'eredità sacerdotale del Signore quale sua porzione e suo possesso, non ritirarti dal possedimento del Signore, affinché tu gli possa dire: 'Mi hai posseduto fin dal grembo di mia madre', ed Egli ti dica come ad un servo fedele: 'Vieni, mettiti a tavola'. State bene, figlioli, e servite il Signore, perché il Signore è buono" (*Lettera al clero*).

Vignola (Modena), 1 ottobre 2005

Ordinazione presbiterale di fra Francesco Serra,
fra Andrea Maurizio Cassinelli e fra Roberto Pasolini

Carissimi Francesco, Andrea, Roberto,

sono lieto di essere io ad accompagnarvi in questo momento fondamentale della vostra vita. Nell'esistenza umana gli inizi sono contrassegnati da un duplice sentimento di trepidazione e di gioia. Il nuovo attira, ma fa paura abbandonare i nidi che ci siamo costruiti. Veramente la vita è un susseguirsi di morti e di rinascite in cui lo strappo della separazione è compensato dalla scoperta di una nuova realtà.

[...]

La lettura di Geremia che avete scelto corrisponde bene a voi e a chi, come voi, si sente chiamato da Dio a rappresentarlo. Il profeta dichiara: «Ahimé, io non so parlare perché sono giovane» (Ger 1,6) ed è come se dicesse: "Non sono all'altezza di quanto mi chiedi; temo di non essere credibile; vivo ancora l'instabilità dei miei anni e non ho il pieno dominio di me, inoltre io stesso sono in ricerca e come posso confermare gli altri in nome tuo?".

Eppure nello scegliere il brano odierno del vangelo (Lc 22,14-20; 24-30) già mostrate d'aver individuato qual è la risposta a questi ragionevoli dubbi ed anche qual è il cammino da percorrere. La risposta a Dio è quella di vivere il vostro ministero con Cristo e come Cristo in spirito di servizio. Si tratta anzitutto di tenerlo come guida e come modello nel dare carne e sangue, e non soltanto il suo! I frutti che produrrete saranno la conseguenza di questo essere con Lui e come Lui. «Chi rimane in me e io in lui, fa molto frutto, perché senza di me non potete fare nulla» (Gv 15,5).

[...]

Caravaggio (Bergamo), 23 settembre 2006[1]

---

[1] Il file riportava – erroneamente – la data del 23 ottobre 2006 (NdC).

Ordinazione presbiterale di fra Emiliano Strino

Carissimo Emiliano,
sono lieto di essere io ad accompagnarti in questo momento fondamentale della tua vita. Dopo averti avuto studente all'Antonianum e confratello nel Collegio internazionale, ora ho la gioia di esserti padre, dandoti, aprendoti ad una nuova vita.

[...]

È significativo che tu sia ordinato nella festa di Cristo re, perché sia bene che nella prospettiva del Signore, regnare significa servire. Se il titolo di re, da un punto di vista umano, è associato a potenza, forza, nel caso di Gesù è congiunto alla sua donazione totale espressa sul legno della croce. Questa è la signoria di Gesù: frutto di un amore che consapevolmente si sacrifica e liberamente sceglie una corona di spine. Non è dunque in forza della sua natura divina che Gesù è re. Egli lo è divenuto piuttosto per la sua croce. La sua donazione totale l'ha reso Signore di tutti. Come sai Francesco ha ben capito questo insegnamento guardando al crocifisso di San Damiano. Egli ha inteso come è l'amore e soltanto l'amore che crea il titolo alla signoria. Guardando alla croce capisci che la tua risposta a Dio è quella di vivere il tuo ministero con Cristo e come Cristo in spirito di servizio. Si tratta anzitutto di tenerlo come guida e come modello nel dare carne e sangue, e non soltanto il suo sull'altare! I frutti che produrrai saranno la conseguenza di questo essere con Lui e come Lui. «Chi rimane in me e io in lui, fa molto frutto, perché senza di me non potete fare nulla» (Gv 15,5).

Ragusa, 24 novembre 2007

Caro don Romeo, cari amici,
ringrazio per l'invito ad essere qui con voi.

Ireneo di Lione, un santo che don Romeo ben conosce, essendo stato parroco nella parrocchia che porta il suo nome, ha scritto che «gli insegnamenti appresi da ragazzi crescono con l'anima e si uniscono ad essa». Io che da oltre quarant'anni conosco don Romeo lo confermo. È nel periodo della mia adolescenza che don Romeo mi ha seguito orientandomi nei primi passi della vocazione sacerdotale. Stasera sono qui anche per assolvere un debito di gratitudine verso di lui e per dire che nel mosaico della mia vita egli è stato una delle prime tessere. E le prime – si sa – sono molto importanti.

Da circa due mesi mi trovo in Turchia, ad Iskenderun – l'antica Alessandretta – a guidare la piccola comunità cattolica dispersa tra il mar Nero, parte dell'Armenia, la Cappadocia, la Cilicia con la sede di Tarso e parte dell'antica Siria avente per capitale Antiochia. Per chi, come me, ha studiato e insegnato patristica e storia della Chiesa antica, è un grande privilegio vivere in questa terra in cui sono nati Paolo, Luca, Ignazio d'Antiochia, Giovanni Crisostomo e i grandi Padri della Cappadocia e della Siria.

[...]

La settimana per l'unità delle Chiese che celebriamo se serve a ricordarci che il peccato è rottura di rapporto, ci ricorda pure che – come affermava papa Giovanni XXIII – sono più le cose che ci uniscono di quelle che ci separano. Quanto ci unisce è ad esempio la memoria della conversione dell'apostolo Paolo che è posta al termine dell'ottavario per l'unità dei cristiani. Nonostante le differenze che ci separano dai nostri fratelli ortodossi e protestanti – tutti guardiamo all'apostolo. In lui ci ritroviamo uniti e quello che unisce sono i valori che hanno contrassegnato il suo annuncio: l'impegno nel superare le divisioni classiste del suo tempo e in particolare quelle che opponevano ebrei e pagani, la sua

strenua opposizione nei confronti di una concezione legalistica e au-
togiustificativa del messaggio evangelico, il suo annuncio della libertà
presentato come il vero segno caratteristico dei cristiani e della comunità, ma altresì la capacità d'inculturare, o di tradurre senza tradire, la
fede in Cristo nelle categorie concettuali del suo tempo.

Negli scritti di Paolo fa da sfondo il suo cammino biografico. La teologia dell'apostolo poggia in buona parte sul capovolgimento radicale
di valori e di obbiettivi precedenti, avvenuto a causa dell'incontro con
Gesù di Nazareth crocifisso e risorto.

Questo rovesciamento di valori e di ideali che, tuttavia, non significa rinuncia alla struttura concettuale che Paolo ha assunto dal giu-
daismo, giustifica il successo che egli ha trovato nel cristianesimo. Soprattutto quando l'appartenenza al cristianesimo incomincia a divenire
pura formalità, senza scosse o rivolgimenti di coscienza, quando si inizia
ad essere cristiani senza sapere che cosa significa e cosa comporta, Paolo ha acquistato un interesse sempre maggiore divenendo il principale
referente del cristiano convertito e il modello da imitare in un cammino
di radicalità, mentre nelle sue lettere i brani preferiti sono quelli auto-
biografici o quelli che più marcatamente si richiamano alla *kenosi* di Cristo, alla follia dell'annuncio cristiano e al mistero della croce. Si tratta,
insomma, di testi che mettono in evidenza la distanza che intercorre tra
cristianesimo e mondo pagano e giudaico in contrasto non per la fede in
Dio e neppure in un Dio mediatore, ma a motivo della realtà umana di
Cristo, del suo annuncio e della sua morte. In questa luce di contrappo-
sizione Paolo è sempre apparso come il discepolo perfetto di Cristo perché, più di molti altri, è riuscito a calare nella vita le conseguenze del
messaggio di Gesù.

Quello stesso Paolo che all'inizio dell'era cristiana ha avuto l'indi-
scusso merito di presentare a questo mondo la sua fede in Gesù morto e
risorto adattandola al linguaggio e alla sensibilità del mondo greco, nei
secoli successivi è stato inteso e presentato come il massimo garante della identità cristiana contro i sempre ricorrenti tentativi di renderla un
fenomeno religioso che non richiede conversione. Dinanzi a un modo di
essere cristiano che non esclude accomodamenti, giungendo financo a

tacere il nome di Cristo e a vergognarsi e ad arrossire quando si parla del "crocifisso", figurano le lettere di Paolo che, con il loro marcato orientamento cristico, sono servite come fermento, come stimolo e, finanche, come smascheramento di falsi comportamenti cristiani.

L'apostolo ha dunque svolto, all'interno della comunità cristiana, una funzione di vigilanza e di correzione contro ogni forma di snaturamento del messaggio cristiano. Non è pertanto sbagliato affermare che la svolta nella vita di Paolo ha cambiato l'intera storia universale. Eppure, accanto all'affermazione forte della propria identità di discepolo di Cristo, egli è rimasto l'uomo del dialogo, quasi ad indicarci che si può entrare in contatto con gli altri senza diluire la nostra fede. Paolo, insomma, ci ricorda che dialogo non significa compromesso o partire da zero. E dialogare non significa mettere da parte le proprie convinzioni religiose, ma piuttosto mantenere intatta la propria identità e l'integrità della propria fede. Questa considerazione penso sia valida soprattutto ai nostri giorni dinanzi a crescenti forme di sincretismo che sono un conglomerato di elementi religiosi diversi mescolati tra loro. L'apostolo Paolo, mentre ci invita a ripensare e a riproporre in modo nuovo il messaggio evangelico, ci ricorda però che la fede cristiana ha qualcosa di difficile da accettare, ma d'incontestabilmente essenziale: la fede nella manifestazione dell'Assoluto in una particolarità storica, ossia la fede nella comunicazione che Dio ha fatto di sé in Gesù Cristo. Questa constatazione non ammette equivoci e ci ricorda che il nucleo del cristianesimo non è la fede in Dio, ma in questo 'volto' di Dio, incarnato, morto e risorto.

L'apostolo, che nella lettera ai Galati ci richiama allo scandalo della fede come ad un aspetto ineliminabile del messaggio cristiano, lui che predica la croce come azione salvifica di Dio, mettendo in questione chi presume di procurarsi da sé la salvezza, oggi ci ricorda che cristiani non si nasce, ma si diventa e si diventa tali quando, come nel suo caso, Cristo diviene una persona viva che abbiamo lasciato entrare nella nostra vita non come un inquilino, tra tanti, ma come il padrone unico della nostra esistenza. Forse non potremo dire come lui «Per me vivere è Cristo e morire un guadagno» (Fil 1,21), ma almeno nutriamo nel nostro cuore la volontà – non la velleità! – di arrivare a tanto.

«Gli uomini – diceva un Padre della Chiesa – si fidano più dei loro occhi che delle loro orecchie». Ebbene, Paolo con la sua vita e le sue lettere ci offre entrambe. Ci parla delle sue convinzioni che ha saputo confermare mediante la coerenza della sua vita e della sua morte e ci ricorda che la missione del cristiano non consiste nel convincere altri circa la giustezza delle proprie opinioni e neppure nel presentare una ideologia, ma nel dare testimonianza all'amore di Gesù Cristo e al volto di Dio da lui rivelato. Non deve forse partire da qui anche il nostro impegno di testimonianza e di missione? Recentemente un vescovo tedesco ha affermato – ma il discorso si può allargare – «alla nostra Chiesa cattolica in Germania manca qualcosa. Non è il denaro. Non sono i credenti. Alla nostra Chiesa cattolica in Germania manca la convinzione di poter guadagnare nuovi cristiani... e quando si parla di missione v'è l'idea che essa sia qualcosa per l'Africa o per l'Asia, ma non per Amburgo, Monaco, Lipsia, Berlino».

Con la sua vita Paolo ci ricorda che la missione è niente di più che partecipare ad altri il fuoco che uno si porta dentro e che il Signore Gesù ha acceso. Come ricordava Sant'Ambrogio: «Non può essere riscaldato chi non è vicino al fuoco ardente, né può scaldarsi per un altro chi non ha Cristo in sé».

Condenso in queste poche parole l'annuncio paolino e l'augurio che, come egli diceva, diveniamo suoi imitatori come Egli lo è stato di Cristo.

Italia, 24 gennaio 2005

Festa della conversione di san Paolo

Cari fratelli e sorelle in Cristo,
è significativo che, in un tempo in cui il peso delle tradizioni va riducendosi, si mantenga questa tradizione di raccogliersi attorno al Santo cittadino.

Al di là del valore strettamente religioso, Paolo di Tarso – che oggi onoriamo come nostro, e quindi come Paolo di Avversa (Tarso)[1] – diviene principio di coesione sociale e un fondamento d'identità dei cristiani (e non soltanto loro) di Avversa (Tarso).

Quanto di norma unisce i cittadini di una città, è la convivenza e i vantaggi che ne derivano. Non sempre si è però uniti sul piano dei valori, eppure è proprio la condivisione di valori comuni che rende l'unità più salda. Oggi, nell'onorare Paolo, noi riconosciamo che, al di là delle diverse opinioni e stili di vita, ci riconosciamo in lui e nel messaggio che egli ha annunciato. In particolare, l'apostolo ci ricorda oggi che l'amore per la città celeste non si contrappone all'amore per la città di quaggiù.

Lui che parla della Gerusalemme celeste, chiamandola "nostra madre", non ha rinnegato l'amore per la città di Tarso alla quale anzi si vanta di appartenere. C'è in questo apprezzamento un riconoscimento che la città è assai più di un agglomerato di persone unite dal solo fatto di condividere gli stessi spazi e di usufruire dei medesimi servizi.

Vantarsi della propria città – come fa Paolo – significa amarla, difenderne il buon nome, sentirla come qualcosa di proprio. Paolo ci mostra così di aver apprezzato i valori civici essenziali e in questo vedo un messaggio per l'oggi in cui il fenomeno dell'individualismo diviene sempre più corrosivo della socialità e dove le città, nate originariamente per offrire protezione ai loro abitanti, divengono sempre meno luoghi d'incontro e sempre più luoghi in cui ognuno è chiuso in sé e dove la

---

[1] Probabile riferimento alla città di Aversa che venera come suo patrono Paolo di Tarso (NdC).

comunicazione si fa più ridotta.

La città, ci ricorda Paolo, è nostra madre. Nei suoi riguardi siamo invitati ad avere sentimenti che nascono da questo rapporto parentale. Oggi, con spirito di fede, affidiamo all'intercessione dell'apostolo la vostra città di Avversa (Tarso) e chiediamo che sviluppi in noi il senso dell'appartenenza reciproca e la consapevolezza di essere responsabili gli uni degli altri, uniti non soltanto dalla condivisione dello stesso luogo, ma dalla medesima chiamata ad essere cittadini della patria celeste.

Tarso, Turchia, 25 gennaio 2006

Festa della conversione di Paolo di Tarso

È sempre un privilegio per tutti noi, e per me in particolare, ritrovarci a celebrare questa Eucarestia nel luogo che dette i natali a Paolo.

Fin dalla nostra infanzia abbiamo conosciuto e amato questo eccezionale missionario di Cristo attraverso gli Atti degli Apostoli e le sue dense lettere che costituiscono il pane quotidiano delle nostre celebrazioni e uno stimolo incessante per la nostra riflessione. Le lettere di Paolo testimoniano un amore per Cristo tradotto in termini di zelo apostolico che non conosce ostacoli e, anzi, sembra crescere attraverso di essi.

Alla base dell'atteggiamento di Paolo sta quella 'chiamata' che comunemente denominiamo 'conversione': un evento maturato nel tempo, ma che trova nell'evento di Damasco la sua espressione drammatica. Sulla base di questa esperienza Paolo ha riletto tutta la sua storia precedente come un cammino preparatorio. Egli non rigetta il suo passato, ma lo sussume e lo supera integrandolo nella gratuità di una rivelazione che non proviene da sforzi umani, ma da un puro dono di Dio («Quando colui che mi scelse fin dal seno di mia madre e mi chiamò con la sua grazia si compiacque di rivelare a me suo Figlio perché lo annunziassi ai pagani...», Gal 1,15-16).

Considerato in questo modo, il cammino umano di Paolo di Tarso rimane per noi un permanente invito a non limitare il nostro essere cristiani a un 'pensato', a un 'patrimonio di idee' e, tanto meno, ad una ideologia religiosa. Per noi, come già per l'apostolo, è sempre e soltanto l'incontro personale con Gesù vivente e vivificante che diviene il segno dell'autentica conversione e la ragione ultima dell'essere testimoni. La vita di Paolo ne è una continua conferma. È soprattutto in questa terra, giustamente chiamata la 'terra santa' della Chiesa, che egli svolge la sua attività di annunciatore del vangelo. L'attuale Turchia, più di ogni altro paese, può essere veramente considerata la terra di Paolo.

In questa Eucarestia preghiamo per tutti noi qui presenti, ma soprattutto per la piccola comunità cristiana di Turchia erede, prima di tutte le altre, della memoria di Paolo. La sua fede nel Cristo risorto, la sua speranza contro ogni speranza umana, la sua carità nel farsi tutto a tutti rimangano la misura dell'essere cristiano in questa terra di Turchia così cara al cuore di ogni cristiano.

Oggi, in particolare, preghiamo per l'unità delle Chiese. Come diceva papa Giovanni: «Sono più le cose che ci uniscono che quelle che ci separano». Anche l'apostolo Paolo è strumento di unione perché tutti noi cristiani ci nutriamo del suo insegnamento. L'esempio della sua conversione ci ricorda che quanto più ci avviciniamo a Dio, tanto più saremo vicini tra di noi.

Con questo spirito preghiamo assieme sentendoci tutti figli dello stesso Padre e tutti fratelli nel Signore Gesù.

Tarso, Turchia, 25 gennaio 2006

Solennità di san Paolo

Cari fratelli e sorelle,
il calendario liturgico non contempla oggi nessuna festa di
san Paolo, eppure la nostra Chiesa di Anatolia – da diversi anni – ha
introdotto l'abitudine di festeggiarlo nella sua città natale la domenica
che precede il 29 giugno.

La celebrazione del 29 ad Antiochia è più concentrata sulla figura
di Pietro. Noi che abbiamo la grazia di vivere nella stessa terra di Paolo
non potevamo lasciare in secondo piano questo apostolo che tanto ha
fatto e fa per diffondere il vangelo di Gesù Cristo.

La voce di Paolo non si è spenta con il sacrificio della sua vita, ma proprio questo sacrificio ha conferito alle sue parole un'autorevolezza che
nasce quando le cose annunciate sono confermate dal sangue versato.

Paolo, mediante la sua coerenza, è come uno specchio nel quale possiamo rifletterci per vedere quanto siamo lontani dal vivere l'amore per
Cristo che ha orientato pensieri, parole ed azioni della sua esistenza.

Se non l'avesse bruciato questo amore, come avrebbe potuto esorta-
re i fedeli di Corinto e di Efeso a farsi suoi imitatori (cf. 1Co 11,1; Ef 5,1)?

In queste parole («fatevi miei imitatori») non c'è nessun vanto, ma la
consapevolezza – visibile a tutti – di non vivere più per se stesso, ma per
Colui che – come dice lui stesso – «mi ha amato e ha dato tutto se stesso per me». L'imitazione alla quale egli sollecita è perciò un'imitazione
nella carità (cf. Ef 5,2).

Per ogni cristiano egli diviene così l'apostolo chiamato a risvegliare
la nostalgia per quella totalità di amore di Cristo che in lui ha trovato
risposta e che in noi aspetta di realizzarsi.

Certamente a lui, meglio che a molti altri, si adattano le parole di
Ambrogio «non può essere riscaldato chi non è vicino al 'fuoco ardente'
e non può riscaldarsi per un altro chi non ha Cristo per sé».[1]

---

[1]   AMBROGIO, *Lettera ai membri del suo clero,*12.

Ancora dall'apostolo ci viene un insegnamento di grande attualità. Come l'odierna lettura degli Atti ci attesta, e come è emerso ripetutamente nei nostri Simposi di Tarso, Paolo ha inteso la sua esistenza come lo svolgersi di una vocazione alla quale dare risposta. Egli ha colto un disegno di Dio che chiama. Eppure sarebbe in errore chi pensasse che soltanto Paolo è stato chiamato. I chiamati – come ci ricorda nella lettera ai Romani (cf. 8,28) – sono quanti amano Dio.

C'è perciò una vocazione di ciascuno, e in questo Paolo ha capito a fondo l'annuncio di Gesù che manifesta un Padre il quale non conosce parzialità (cf. Rm 2,11; Ef 6,9; Col 3,25).

Cari fratelli, in una società chiamata 'della frammentazione', 'della flessibilità', 'della precarietà', se c'è qualcosa che non si riesce più a capire è proprio questa, ossia che si reputi la vita nei termini di vocazione, come un tutto unico, non suddiviso in piccoli episodi chiusi in sé. Per questa strada anche la dignità dell'uomo è compromessa. Egli non si scopre più al centro dell'interesse di Dio. Per lui non c'è alcun progetto; diviene sempre più macchina e sempre meno persona.

Il 'carpe diem', cioè vivi alla giornata, è la risposta razionale che egli dà nei confronti di un futuro che non gli appartiene e che non può programmare a lungo termine.

Paolo, oggi, parlandoci della sua vita come di una vocazione, ci invita a non dimenticare la nostra. Punto di partenza e meta sono gli stessi: scelti da Dio prima della creazione del mondo (cf. Ef 1,4) e destinati ad essere simili a Cristo per partecipare alla sua gloria (cf. Rm 8,30).

La porta d'ingresso nel mondo è l'elezione; la porta d'uscita l'eredità promessa. Si entra in quanto scelti, si esce in quanto figli e, come tali, eredi con Cristo (cf. Rm 8,17).

Ringraziamo Paolo che con la sua vita e con i suoi scritti ce l'ha ricordato.

Tarso, Turchia, 25 giugno 2006

Solennità di san Paolo

Cari fratelli e sorelle,
la nostra annuale celebrazione dell'apostolo Paolo è oggi arricchita dal ricordo del vescovo Giovanni Crisostomo che commemoriamo nel 16° centenario della sua morte (407).

Sono stati diversi nell'antichità cristiana i commentatori delle lettere di Paolo, eppure penso che ben pochi abbiano penetrato così a fondo il suo pensiero come Giovanni Crisostomo.

Il perché lo si capisce osservando quanto accomuna entrambi: la passione per Cristo, la fermezza nell'annuncio del vangelo, proclamato senza "se" e senza "ma" il bisogno impellente che questo annuncio raggiunga e sia accessibile a tutti.

Giovanni ci ha lasciato la "sua" immagine di Paolo particolarmente nei 7 discorsi in lode dell'apostolo, che egli tenne ad Antiochia, verosimilmente tra il 387 ed il 397.

In questi discorsi egli usa il genere letterario dell'encomio, della lode, eppure non invita soltanto ad ammirare l'apostolo, ma sollecita ad imitarlo. Se c'è un tema ricorrente in quanto Giovanni afferma è proprio questo: Paolo è divenuto quello che era in "virtù dell'amore".

La cecità che l'ha colpito per eccesso di luce era la premessa perché prendesse – come dice Giovanni – «altri occhi, quelli dell'amore e un'altra mentalità» (Disc. 7,6). «Egli aveva in sè la cosa più sublime di tutte, l'amore per Cristo... e il solo castigo per lui consisteva nel perdere questo amore» (Disc. 2,4-5). «Non venirmi a parlare – dichiara ancora – dei morti che ha risuscitato, né dei lebbrosi che ha sanato. Dio non ti chiederà niente di questo. Procurati l'amore di Paolo... nulla lo ha reso così meritevole come la potenza dell'amore» (Disc. 4). Tutta la forza di cui disponeva nasceva da questo amore, ossia dallo scoprirsi amato da Cristo e dal sentire che soltanto l'amore ripaga l'amore.

Se dunque Giovanni esalta Paolo e lo presenta come modello per tutti noi, la ragione sta proprio nella capacità di amare che tutti possono avere e far crescere in sé. La novità del cristianesimo sta proprio nel valorizzare la tensione volitiva. Ogni persona, anche la più povera e insignificante, appare come qualcosa di infinitamente prezioso e la valutazione che si dà di essa è indipendente da tutte le distinzioni di valore, di classe, di censo. Veramente il criterio enunciato da Gesù a proposito della donna peccatrice diventa normativo per tutti noi: «Le è perdonato molto, perché molto ha amato» (Lc 7,47).

Proprio a partire dall'esperienza di Paolo, Giovanni ha percepito con chiarezza questa 'novità cristiana'. E oggi la ripete a noi con insistenza: «Sforziamoci di divenire come Paolo anche noi e non pensiamo che ciò sia impossibile. Non smetterò di dire – continua Giovanni – quanto ho detto spesso: egli aveva un corpo come il nostro, si nutriva come noi, aveva la stessa anima, ma grande era la sua volontà, magnifico il suo impegno; è stato questo a renderlo così. Nessuno disperi, nessuno si tiri indietro; se disponi la tua mente, nulla ti impedirà di ricevere la medesima grazia. Dio infatti non fa preferenza di persone... come è il Signore di Paolo, così è anche il tuo e come ha esaltato lui così vuole dare la corona anche a te» (Disc. 4,21).

Tarso, Turchia, 24 giugno 2007

Nel giorno del funerale di don Andrea Santoro,
nella sua chiesa a Trabzon

Cari fratelli e sorelle,
ci siamo raccolti in questa chiesa di Trabzon che don Andrea Santoro ha tanto amato e nella quale è stato brutalmente assassinato.

Con noi sono spiritualmente uniti tutti i cristiani di Turchia e tutti i musulmani di buona volontà che, come noi, non riescono a capire che si possa uccidere in nome di Dio nella casa di Dio un uomo di Dio.

Il nostro cuore è pieno di amarezza, perché abbiamo perso un amico, un fratello, un testimone della fede. Don Andrea ha lasciato la città di Roma dove era parroco, per venire in questa terra di Turchia che ha amato. È venuto non come missionario, ma come testimone di quella fede cristiana che sa riconoscere i valori di una fede diversa dalla sua.

È stato uomo del dialogo, alla ricerca di quanto può unire gli uomini tra loro.

Ha amato la Turchia e il popolo turco e per questo il suo assassinio ci colpisce particolarmente.

Non riusciamo a capire chi uccide, ma è ancora più difficile capire chi uccide un uomo di pace.

Chi ha commesso questo crimine disonora il popolo turco; chi ha commesso questo crimine ha dimenticato che Dio è misericordioso e ama gli uomini che ha creato.

Siamo tristi, siamo profondamente tristi, ma non possiamo scordare che Gesù sulla croce ha pregato per quelli che lo uccidevano.

Don Andrea, da ministro di Cristo, sono certo che – come Lui – perdona chi l'ha ucciso. Questo ci consola, ma non diminuisce il dolore che è quello di sua madre, di sua sorella, e dei suoi amici e conoscenti.

Chiediamo a Dio che apra gli occhi di chi predica la violenza e di quanti la praticano perché vedano il male che fanno. Lo ripeto: Dio è un Dio di pace, non di guerra; Dio ama la vita, non la morte. Chi pensa diversamente, non ha conosciuto Dio.

Caro don Andrea, in questa chiesa in cui tu sei stato ucciso, ti chiediamo di pregare per tutti i cristiani di Turchia, perché non abbiano paura di testimoniare la loro fede.

Prega per questa gente di Trabzon con la quale hai voluto vivere. La tua morte violenta non colpisce soltanto noi cristiani, ma l'intera città.

La tua morte diventi strumento di unità tra i musulmani e i cristiani. Per questo chiedo che nella preghiera del venerdì si preghi per te nelle moschee di Trabzon. Sarà il segno più bello che la tua morte produce frutto e realizza quanto tu cercavi in vita: l'amore reciproco dell'unico Dio.

Trabzon, Turchia, 6 febbraio 2006

*Commemorazione di don Andrea Santoro
a una settimana dall'omicidio*

Cari fratelli,
la nostra celebrazione di oggi è tutta rivolta a ricordare il sacrificio di Cristo e quello del suo sacerdote, don Andrea, ucciso a Trabzon la scorsa domenica.

È stato assassinato alle 3.45 del pomeriggio mentre si trovava inginocchiato in chiesa a pregare. La chiesa era aperta, come la nostra, per accogliere chi vuole venire a pregare o chi ha interesse a parlare con un sacerdote.

Con la morte di don Andrea la nostra Chiesa è divenuta più povera: abbiamo perso un amico, un fratello, un ministro di Dio, ma abbiamo guadagnato un esemplare testimone e abbiamo ora un aiuto dal cielo che prega per noi.

Potrei dirvi tante cose su questi giorni: quanto ho visto e sentito a Trabzon e poi tutte le manifestazioni di lutto a Roma. Vi dico soltanto che la salma di don Andrea è stata accolta nella sua città di Roma in modo trionfale. La chiesa di San Giovanni a Roma, dove sono stati celebrati i funerali, era stracolma di sacerdoti e di persone. Vorrei dire che, più che un funerale, ho avuto l'impressione che si trattasse di un trionfo. E veramente don Andrea con la sua morte ha trionfato sul male e su chi l'ha compiuto. Chi ha voluto cancellare la sua presenza fisica non sa che ora la sua testimonianza è più forte. Si è ucciso il sacerdote don Andrea ma si è creato un martire la cui testimonianza non è più limitata alla piccola chiesa di Santa Maria a Trabzon, ma in questi giorni è arrivata in tutto il mondo.

Cosa hanno guadagnato quanti l'hanno ucciso? L'effetto contrario di quanto speravano. Come la mamma di don Andrea ha detto e come io a nome di don Andrea ripeto, noi perdoniamo chi ha compiuto questo gesto. Perdoniamo nel nome di Gesù, il quale sulla croce ha perdonato quanti lo uccidevano. Perdoniamo perché chi ha fatto tanto male a sé e a questo amato paese della Turchia, non sa che cosa ha fatto. Non è annientando chi la pensa in modo diverso che si risolvono i conflitti. L'unica strada che si deve percorrere è quella del dialogo, della conoscenza reciproca, della vicinanza e della simpatia. Ma fintanto che sui canali televisivi e sui giornali turchi assistiamo a programmi che mettono in cattiva luce il cristianesimo o lo mostrano nemico dell'Islam, fintanto che persone come la moglie dell'ex primo ministro Bulent Ecevit alla televisione dichiarano che "la religione islamica sta scivolano dalle nostre mani e sono molti i musulmani che si convertono al cristianesimo", come possiamo pensare ad un clima di pace?

Lo dico e lo ripeto: gli organi di stampa devono servire la verità, ma anche la pace. Chi scrive o dichiara cose false o non fondate è responsabile del male che produce. Occorre documentare quello che si dichiara e non lanciare frasi ad effetto che non trovano conferma nella realtà e alimentano un clima di odio.

Cari fratelli, don Andrea mi ha inviato alcuni mesi fa una mail. Ve la farò conoscere per intero, ma permettete che ve ne citi almeno una parte. Tornato dall'Italia in ottobre, così scriveva: «Abbiamo ripreso la nostra vita regolare fatta di studio, di preghiera, di accoglienza, di cura del piccolo gregge, d'apertura al mondo che ci circonda, di tessitura di piccoli legami, a volte facili e a volte difficili. Il Signore è la nostra fiducia nonostante i nostri limiti e la nostra piccolezza. Io sono qui finché mi pare di poter essere utile e finché le circostanze lo consentono. Il Signore mostrerà le sue vie».

Fratelli, il Signore ha mostrato la chiara via di don Andrea: una via che è giunta alla meta. Chiediamo anche a noi al Signore che ci mostri la via da percorrere in questo momento così difficile per la nostra comunità cristiana. Ma non perdiamoci d'animo: il Signore è sempre con noi.

Iskenderun, Turchia, 12 febbraio 2006

Per don Andrea Santoro

Cari fratelli e sorelle,
un augurio di una buona domenica.

Sono tornato ieri dall'Italia, dove ho avuto un doppio regalo: quello di parlare a lungo con il Santo Padre e con la mamma di don Andrea Santoro.

Il Papa ha mostrato un grande interesse per la Turchia; ha insistito sulla necessità del dialogo tra cristiani e musulmani. È contento di venire a visitarci, anche se il programma del viaggio non è stato ancora pienamente definito. Mi ha chiesto di salutarvi tutti, di benedirvi e ci assicura la sua vicinanza spirituale.

Proprio l'uccisione di don Andrea Santoro lo ha legato ancora di più a questa terra di Turchia, in cui – accanto a chi fa del male – c'è però la stragrande popolazione che è buona, onesta e ama la pace.

Ho incontrato anche la mamma di don Andrea e mi ha commosso sentirla ripetere che perdona chi le ha ucciso il figlio. Ha espresso il desiderio di voler abbracciare la mamma di chi ha commesso questo crimine. Pensa al suo dolore di madre.

Ho visto in lei la fortezza di una donna cristiana che odia la violenza e spera che il sacrificio di suo figlio possa servire a dare pace.

Cari fratelli, come comunità stiamo vivendo momenti un poco difficili, eppure non dobbiamo perdere né la speranza né il coraggio. Il Signore ci ha assicurato che rimarrà sempre con noi. Dobbiamo sforzarci di pregare di più perché questa terra di Turchia, che amiamo, continui ad essere un ponte tra mondi, culture e religioni diverse. Soprattutto dobbiamo nutrire in noi l'idea che Dio ama tutti gli uomini. E se Dio li ama, perché noi non possiamo amarli?

Ci sono, certo, esigenze di giustizia che vanno rispettate, ma dobbiamo avere chiaro che la giustizia è il primo gradino. Dopo di essa c'è la misericordia, il perdono, la disponibilità di aprire o di riprendere il dialogo con tutti.

Chiediamo al Signore che ci aiuti in questo non facile cammino. Soprattutto non perdiamo la nostra identità di cristiani.

Rileggete, vi prego, la lettera pastorale che ho inviato. Adesso più che nel passato è diventata di grande attualità e deve orientare i nostri passi.

Che il Signore vi benedica.

Turchia, 26 febbraio 2006

Santa Messa in memoria di don Andrea Santoro
a un anno dall'omicidio

Eminenza, Eccellenza,
cara mamma di don Andrea e famigliari, egregio signor sindaco, fratelli e sorelle,
vi ringrazio di essere venuti oggi nella chiesa di Santa Maria a pregare per padre Andrea Santoro che, a diversi titoli, abbiamo conosciuto e amato.

In questo luogo egli ha lasciato la testimonianza del suo sangue che lega ancora più strettamente la Chiesa di Roma alla Chiesa d'Anatolia, l'Italia alla Turchia, gli uomini di due religioni, Islam e Cristianesimo, che rifiutano la violenza. Sappiamo tutti che niente unisce tanto fortemente le persone quanto il dolore condiviso. Questo dolore, unito però alla speranza, è il legame che oggi ci fa sentire tutti più vicini.

Sacerdote cattolico, italiano, uomo del dialogo, padre Andrea ha scelto di venire e di vivere in questa terra perché l'ha amata.

In questo luogo oggi rievochiamo la sua testimonianza prendendola come un testamento.

Continueremo a mantenere vivo il dialogo con i fratelli di fede musulmana che credono nella forza del dialogo e della pace; continueremo a credere nelle persone oneste di questa città che si sono sentite ferite da questa e da altre violenze. Trabzon è una città pulita ed onesta e la disonora, davanti agli occhi della Turchia e del mondo, chi la fa conoscere per queste violenze.

Continueremo a dire che la ricchezza della Turchia è la pluralità delle diverse religioni che convivono e devono crescere nel rispetto reciproco.

Chi ha pensato che, uccidendo un sacerdote cancellava la presenza cristiana da questa terra, non sa che la forza del cristianesimo sono proprio i suoi martiri.

La legge della Chiesa prevede che – a giudizio del vescovo – se un luogo di preghiera è stato profanato, non sia più lecito esercitare il culto sino a che sia stata fatta una riparazione.

Per questa chiesa di Trebisonda io non ho richiesto nessuna riparazione perché ritengo che il sangue versato in essa da don Andrea abbia reso doppiamente sacro questo luogo.

Nell'Eucarestia che adesso celebriamo chiediamo a don Andrea che continui a dare forza alla mamma e ai familiari; chiediamo che continui a sostenere il cammino difficile della Chiesa d'Anatolia, preghiamo per la cara Chiesa di Roma e, soprattutto, preghiamo per il suo giovane assassino.

La forza del nostro perdono e della nostra preghiera lo aiuti a capire che l'amore è più forte della morte.

Trebisonda, Turchia, 5 febbraio 2007

Santa Messa in memoria di don Andrea Santoro
nel quarto anniversario del suo omicidio

Cari fratelli,
vi ringrazio di essere venuti qui a ricordare il nostro fratello don Andrea Santoro. Il mio grazie soprattutto alla sorella Maddalena e agli amici venuti da Roma. Ormai è un appuntamento fisso quello di trovarsi qui il 5 di febbraio. Siamo venuti qui con l'animo sereno, certi che don Andrea è nella pace del Signore. Con lui preghiamo Dio per la nostra piccola comunità, preghiamo per chi lo ha tolto fisicamente da noi e preghiamo per questa città di Trebisonda che egli ha amato.

Cari fratelli,
sono passati quattro anni da quando don Andrea è stato ucciso in questa chiesa. Oggi, come quattro anni fa, ritorna sempre la stessa domanda. Perché? È lo stesso interrogativo che ci poniamo davanti a tante altre vittime innocenti dell'ingiustizia. Perché?

Uccidendo don Andrea che cosa si è voluto annientare? La sola persona o anche quello che la persona rappresentava? Certamente nel colpire don Andrea era il sacerdote cattolico che si voleva colpire. Il suo sacerdozio è stato perciò la causa del suo martirio. Attraverso il suo sangue don Andrea ha celebrato con Cristo l'unica Eucaristia: «Questo è il mio sangue versato per voi e per tutti per il perdono dei peccati».

Leggiamo nell'Antico Testamento che il sangue versato chiama altro sangue, ossia si ripaga con la vendetta. Eppure, da quando Gesù è morto in croce, il sangue versato non richiama più alla vendetta, ma al perdono. È un sangue che lava, purifica, dà vita. Perché?

La risposta si trova nelle parole di Gesù sulla croce: «Padre, perdonali perché non sanno quello che fanno». Se infatti l'avessero saputo non l'avrebbero fatto.

Spesso la colpa di chi fa il male sta nella sua cecità o nel ritenere vero e giusto ciò che non lo è. Non è mai giusto sopprimere una vita per affermare un'idea. Non è mai giusto ritenere che chi non la pensa come noi è nel torto e va annientato. Questo è fondamentalismo che distrugge la società perché distrugge la convivenza. Questo fondamentalismo, a qualsiasi religione o partito politico appartenga, potrà forse vincere qualche battaglia, ma è destinato a perdere la guerra. Ed è la storia che ce lo insegna.

Cari fratelli, il sangue che don Andrea ha versato in questa chiesa non è stato inutile. Pensiamo a quanti fratelli e sorelle in tutto il mondo hanno conosciuto il suo sacrificio e sono stati confermati nella volontà di vivere per Cristo e, se necessario, di morire per Lui.

Questo umile sacerdote, conosciuto da pochi, con la sua morte è divenuto testimone per molti. Chi voleva farlo scomparire, in realtà ha prodotto l'effetto contrario.

Ora, per molti, in tutto il mondo, il nome di Trebisonda è legato a quello di don Andrea. Egli voleva creare in questa città un punto d'incontro e un centro di dialogo tra cristiani e musulmani.

Io spero vivamente che un giorno questo suo sogno si possa realizzare e che la città di Trebisonda divenga un esempio di pacifica convivenza e di fraternità dove tutti gli uomini sono uniti nella ricerca del bene comune.

Non abbiamo tutti lo stesso Dio?

Trebisonda, Turchia, 5 febbraio 2010

Apertura del IX Simposio Intercristiano
nella Basilica di Santa Maria degli Angeli

Care Eccellenze, cari fratelli e sorelle,
è bello e ricco di significato aprire il nostro Simposio nel luogo in cui S. Francesco ha chiuso la sua esistenza terrena. È un'occasione per mettere sotto la sua protezione i nostri lavori.

Come già negli otto simposi precedenti, anche quest'anno iniziamo con un momento di preghiera per richiamarci la finalità primaria del nostro stare assieme richiamatoci oggi dalle parole di Gesù : «Dove due o tre sono riuniti nel mio nome, io sono in mezzo a loro» (Mt 18,20). Proprio questa volontà di riunirsi nel "suo nome" ha reso possibile la persistenza di questi nostri incontri, nati da una volontà di conoscenza reciproca, di dialogo fraterno e di amicizia sincera attorno all'unico Signore.

Quest'anno abbiamo messo al centro della nostra attenzione l'Eucarestia che tutti riteniamo 'il vertice della vita comunitaria'.

Attraverso di essa siamo di continuo richiamati ad una verità essenziale del cristianesimo, secondo la quale la vita di comunione non è un elemento secondario, ma un postulato irrinunciabile della sequela di Cristo.

Già nella sua vita terrena Gesù s'è valso spesso delle cene con i suoi discepoli per rinsaldare l'unione con la sua persona e tra di loro. Eppure dando se stesso nell'Eucarestia egli crea un'unione sociale e spirituale ancora più profonda e indica il senso ultimo della vita cristiana come un essere-per-gli-altri.

Da questo punto di vista l'invito di Gesù «fate questo in memoria di me», significa vivere nella stessa tensione di dono che ha caratterizzato la sua esistenza terrena.

Una conferma c'è data dall'evangelista Giovanni il quale – a differenza degli altri evangelisti – non colloca l'istituzione dell'Eucarestia nel momento della cena, ma la sostituisce con la lavanda dei piedi. Anzi, sembra che tale lavanda sia un'interpretazione dell'Eucarestia o – più esattamente – che il vero significato dell'Eucarestia si realizzi nell'amore e nel servizio reciproco.

Se dunque la cena serve a realizzare l'unione tra i discepoli, l'azione di Gesù di lavare i piedi permette di intendere il tipo di unione e l'atteggiamento di fondo che la produce, ossia farsi schiavi gli uni degli altri (cf. Gv 13,14).

L'Eucarestia, insomma, in quanto sacrificio di sè e servizio del prossimo chiarisce il senso della nostra vita da cristiani.

Vorrei che queste brevi considerazioni ci orientassero nel nostro compito di studiosi cristiani: essere servitori e promotori della piena unione che si realizza nell'Eucarestia. Iniziamo i nostri lavori di questi giorni con questa volontà di servire le nostre comunità cristiane, ma iniziamo anche avendo la consapevolezza che le parole del Signore possono trovare compimento: «Se due di voi sopra la terra si accorderanno per domandare qualunque cosa, il Padre mio che è nei cieli, ve la concederà» (Mt 18,19).

Assisi, 4 settembre 2005

Pellegrinaggio del Consiglio
delle Conferenze Episcopali Europee

Cari fratelli,
oggi diamo inizio al nostro pellegrinaggio nei luoghi che hanno visto la nascita della prima Chiesa e i luoghi di nascita di molti dei nostri Padri nella fede. L'evangelista Luca, originario di Antiochia, ci ricorda che proprio in questa città i discepoli di Gesù vennero chiamati 'cristiani', e ricorda pure che i discepoli di Gesù furono chiamati «quelli della strada» (*tes odou ontas*, At 9,2): è questa una delle prime qualifiche del gruppo cristiano che rinveniamo negli Atti e che ripetutamente compare nel testo lucano[1]. Non meraviglia l'uso di questa espressione se si considera che, all'origine, il movimento cristiano si rispecchiava in quel Gesù di Nazareth che aveva adottato l'itineranza come stile di vita.

Il tema, si sa, è presente in tutta la tradizione ebraica ed è legato all'esperienza stessa d'Israele, 'popolo in cammino'.

Il popolo dell'antica Alleanza, un popolo di nomadi che nella metafora del camminare ha espresso l'impegno etico e l'impegno di risposta a Dio il quale chiama alla fedeltà attraverso la storia e nel tempo. Nell'esperienza veterotestamentaria camminare e credere nella speranza formano un tutt'uno. Nella cultura semitica, che non conosce il linguaggio dell'astrazione, l'itineranza dà plasticamente forma alla realtà dell'uomo come una realtà proiettata in avanti, verso il nuovo. Abramo, che ha iniziato il suo viaggio nella fede verso la terra promessa ed è partito poco distante da qui, ad Harran, rimane il paradigma del credente. Il camminare d'Israele non è dunque da interpretare come il camminare di un qualsiasi popolo nomade, dal momento che è letto ed interpretato come fede o fedeltà a Dio che sempre precede e sempre sollecita a non fermarsi neppure quando si arriva alla terra promessa, che è semplice caparra di cose ancora più grandi.

---

[1] Nei testi che seguono, 'odos' si riferisce alla dottrina cristiana, cf At 19,9; 19,23; 22,4; 24,14; 24,22.

Dio, insomma, non esaurisce la sua promessa in un pezzo di terra. Il punto centrale del pellegrinaggio cristiano sta nel percepire che l'essere pellegrino è risposta ad una chiamata, è una vocazione che si fonda sulla 'sequela' alla quale egli invita alcuni. L'itineranza fa dunque parte della radicalità pratica richiesta da Gesù. È un elemento costitutivo e quindi essenziale del discepolo, più semplicemente si può essere veri discepoli di Gesù se si è itineranti come lui. Questo l'ha ben capito l'apostolo Paolo il quale frequentemente nelle sue lettere presenta la vita cristiana come un camminare anche per quei cristiani che vivevano in sedentarietà. In fin dei conti, essere in cammino significa avere coscienza che qui "non abbiamo stabile dimora" e che "la nostra patria è nei cieli". Anche la prima tradizione cristiana ha compreso questo insegnamento chiedendo – come leggiamo nella prima lettera di Pietro – che la sequela sia mantenuta nella consapevolezza di essere pellegrini e forestieri.

Considerarsi pellegrini era, perciò, un modo per tenere le distanze non smarrendo la propria essenza.

La situazione in cui ci troviamo oggi è assai mutata rispetto alle origini, eppure il fatto di mettersi in viaggio alla ricerca dei luoghi santi è sempre stato un modo di ravvivare nei cristiani la consapevolezza di essere veramente pellegrini in viaggio verso la città celeste. Il pellegrinaggio ci richiama alla realtà della fede che non è costruita su idee, ma su esperienze. Una fede nella quale la storia ed anche la geografia hanno la loro importanza. Parliamo, infatti, di "storia della salvezza" ed è bello pensare che i luoghi che visiteremo hanno avuto un ruolo fondamentale in questa storia. Viviamo, pertanto, questo nostro itinerario come espressione e rinnovamento di quella sequela alla quale il Signore Gesù ci ha chiamati quando è entrato nella nostra vita dicendo anche a ciascuno di noi: "Vieni e seguimi".

Turchia, 9 marzo 2009

Giornata Missionaria

Cari fratelli e sorelle,
ho accolto con gioia l'invito a venire a predicare in Duomo la giornata missionaria mondiale, che oggi coincide con l'anniversario della dedicazione della nostra Chiesa cattedrale.

Io, figlio della Chiesa di Milano, mi trovo ad essere padre di quella Chiesa di Anatolia che nella storia è sempre stata legata alla comunità cristiana della nostra città. È la memoria dei santi che ha fatto da ponte, già al tempo di Ambrogio, tra oriente ed occidente. Vorrei ricordare Santa Tecla, patrona dell'antica cattedrale, vissuta e morta nel territorio che è affidato alla mia cura; San Babila vescovo di Antiochia; il vescovo di Milano, Dionigi, morto in esilio nell'attuale Turchia e sepolto in questa chiesa. E poi quella numerosa teoria di grandi santi che ricorrono quasi quotidianamente nei nostri calendari: Luca, Timoteo, Ignazio, Margherita, Giorgio, Cristoforo, Biagio, Nicola e, primo tra tutti, Paolo di Tarso del quale celebriamo il bimillenario della nascita. Accanto a costoro c'è poi quell'immensa schiera di testimoni della fede che sono registrati soltanto nel "libro della vita" ma ai quali pure siamo debitori.

Celebrare oggi la dedicazione del nostro Duomo, significa ravvivare anzitutto la consapevolezza che esso è costruito con pietre vive, e quanto ancora oggi ammiriamo è testimonianza di una fede che ha visto nella Chiesa cattedrale il centro della vita spirituale e civile della nostra città.

Questo Duomo fa parte della nostra identità. Noi ci riconosciamo in esso come milanesi e come cristiani cattolici. Per altri potrà anche essere soltanto un museo; per noi rimane dimostrazione di una fede vissuta e trasmessa che aspetta il nostro contributo.

Si dice che il Duomo non è mai terminato. È vero, perché manca la pietra che è ciascuno di noi e che permette a questo luogo di continuare ad essere un 'tempio vivente'.

Celebrare, dunque, la giornata missionaria nel giorno della dedicazione costituisce un invito a ravvivare la consapevolezza della nostra identità di cristiani. Quando nel Credo professiamo la fede nella Chiesa apostolica, con questa parola non intendiamo soltanto la comunità fondata sugli apostoli, ma quella comunità che si riconosce missionaria per impulso interno. La 'missionarietà' della Chiesa non è una delle 'note' caratteristiche che l'accompagnano, ma è piuttosto costitutiva della sua essenza di consolidare e di continuare ad estendere l'annuncio del Regno. In quanto è «sacramento universale di salvezza», – come dice il Concilio Vaticano II – essa è ordinata al Regno, è al suo servizio, esiste per proclamare il vangelo, e non soltanto oggi come misura d'emergenza in tempo di crisi, ma come costitutiva del suo essere. La Chiesa non ha una missione, non fa missione, ma è missione. E dunque va capita da essa. Se vuol rimanere Chiesa di Cristo deve uscire da sé. Il senso di tale impegno è di far sì che un'esperienza, divenuta messaggio, torni ad essere esperienza. «Noi parliamo di ciò che abbiamo visto ed udito», dichiarava l'apostolo Giovanni (1 Gv 1,3). La missione è pertanto testimonianza resa all'amore di Gesù Cristo e al particolare volto di Dio da lui rivelato. Da questo punto di vista essa non ha perso nulla della sua urgenza. Ed è ovvio che chi si sente membro della Chiesa debba nutrire in sé la coscienza di essere annunciatore. Non si annuncia un'ideologia, non un sistema dogmatico, non un'istituzione, non una cultura. Si annuncia Gesù Cristo come salvatore e si presentano le strade collaudate dalla tradizione cristiana per conoscerlo meglio e rimanergli fedele.

Cari fratelli e sorelle, la missione è qui a Milano e lo diventerà sempre di più a motivo di quei fenomeni che chiamiamo globalizzazione, pluralismo.

Non molto tempo fa un vescovo della Germania ha proposto una riflessione che si può applicare anche alla nostra realtà: "Alla nostra chiesa cattolica in Germania – scriveva – manca qualcosa. Non è il denaro. Non sono i credenti. Alla nostra Chiesa cattolica in Germania manca la convinzione di poter guadagnare nuovi cristiani... e quando si parla di missione v'è l'idea che essa sia qualcosa per l'Africa o l'Asia, ma non per Amburgo, Monaco, Lipsia o Berlino".

Veramente a molti cristiani, presumibilmente per una concezione individuale e intimistica di religione sulla quale si dovrebbe riflettere, risulta difficile confessare a parole la loro fede. V'è un diffuso timore nel trattare temi religiosi e manca il coraggio di affermare sia in pubblico che in privato la propria fede, spesso per scarsa formazione. Il che ci ricorda come sia necessaria una nuova grammatica della fede.

Rafforzare la propria identità significa allora assumere in modo sempre più cosciente quanto abbiamo ricevuto, interiorizzare il messaggio evangelico, ma soprattutto credere che è un messaggio che dà senso alla vita perché ne spiega le ragioni, aiuta a viverla e ne illumina il futuro.

Certo il nostro sguardo oggi si volge anche alle giovani Chiese nei cosiddetti territori di missione. È consolante vedere che la fede, impiantata dai missionari nei diversi continenti, stia dando frutti che fioriscono anche da noi attraverso il flusso di sacerdoti e religiosi che sopperiscono alla scarsità del clero nei nostri paesi. Queste Chiese con la loro freschezza, la loro vitalità, il loro entusiasmo ci lasciano sperare nel futuro. Gesù – ricordava un giorno San Vincenzo de Paoli – ha promesso di essere sempre con la sua Chiesa, ma non ha promesso che essa sarà fissata sempre in un luogo. Le giovani Chiese lo confermano e lo conferma altresì la storia del paese in cui mi trovo. Delle migliaia di chiese e monasteri esistenti nel passato in Turchia, ora non rimane che una pallida, insignificante traccia. Eventi storici, lotte tra cristiani, commistione tra politica e religione hanno ridotto a nulla fiorenti comunità. Eppure, per quanto pochi, siamo ancora lì dove è nato gran parte del Nuovo Testamento, lì dove siamo stati chiamati per la prima volta 'cristiani', lì dove è sorto il Credo che professiamo ogni domenica.

Prego perché questa giornata missionaria sia un'occasione per non dimenticarci.

Il guardare al futuro delle giovani Chiese non impedisca di guardare a quelle Chiese della Turchia e della Palestina dalle quali sono partiti i missionari che hanno evangelizzato i nostri paesi d'Europa. Se come cristiani in Palestina, in Turchia, in Iraq siamo divenuti ormai un numero esiguo non è certo perché la nostra fede sia stata facile da confessare.

Oggi siamo ritornati ad essere un poco come quelle piccole comunità paoline viventi in un mondo dove era difficile far capire la specificità della propria fede, anche se non ci si deve mai stancare di farlo.

A chi viene in Turchia a visitarmi dico spesso che le radici del cristianesimo si trovano in Palestina, ma il tronco va ricercato in Turchia. È bene che chi vive sui rami e ancor oggi gode dei frutti di questo grande albero, non lo dimentichi e non ci dimentichi.

Duomo di Milano, 19 ottobre 2008

Festa della Famiglia

Cari fratelli e sorelle, sono felice di essere qui oggi a parlare della famiglia nella mia parrocchia che è in un certo senso una famiglia allargata.

È frequente ai nostri giorni il discorso sulla crisi della famiglia e le cause mi sembrano da ricondurre al fenomeno dell'individualismo odierno che ha posto in questione i valori tradizionali e le istituzioni di tradizione come la famiglia, la parrocchia, la Chiesa, ma pure la scuola. Se, di norma, il codice di senso globale viene trasmesso ai bambini e agli adolescenti dalla famiglia e dalla scuola permeate di certi valori, nella situazione presente ciascuno deve trovare da sé il senso. Ogni individuo nella sua vita deve crearsi un proprio sistema di valori.[1] Deve salvarsi da solo plasmandosi un'identità che non gli è 'data' ma che diviene un compito. Evidentemente, se la famiglia perde il suo ruolo di portatrice di valori, assieme alla famiglia vanno persi anche i valori che essa trasmette.[2] Si è, in un certo senso, abbandonati a sé. Si è invitati a costruirsi da sé, ma non si hanno gli aiuti per farlo. Non meraviglia che questa situazione ingeneri stati d'incertezza, di paura, di rinuncia ad assumersi responsabilità dinanzi alle quali ci si sente impari, inadeguati. Il senso della vita non è più la realizzazione di un progetto poiché i progetti 'legano' mentre si vuol essere liberi, anche se poi s'ignora a cosa serve la libertà o non si è in grado di sopportarne le conseguenze. Risulta pertanto contraddittorio il tanto conclamato appello a salvare la famiglia quando si tiene in piedi un sistema che vive sul principio opposto dell'individualismo.

Non è difficile osservare che questo individualismo ingenera anche un profondo senso di solitudine. Le ansie, i timori sono privatizzati. Un

---

[1] Cf. D. HERVIEU-LEGER, *Il pellegrino e il convertito. La religione in movimento*, Il Mulino, Bologna 2003, 28.

[2] Cf. R. BOUDON, *Declino della morale? Declino dei valori?*, Il Mulino, Bologna 2003, 10.

sintomo di questa solitudine si riscontra nella formazione di comunità variamente definite come 'estetiche' o 'guardaroba'[3] o 'gruccia'[4], che non producono responsabilità reciproche e impegni a lungo termine[5] e dove alle poche relazioni profonde subentrano molti contatti superficiali: si sta assieme e si condivide sino a che non cala il sipario e poi... ciascuno torna a casa sua, «ed è notte» (Gv 13,30). Espressivo del bisogno di comunità sono i sempre più frequenti 'talk show' dove nella confessione di infanzie infelici, di crisi matrimoniali, di drammi familiari – soprattutto se riguardano persone socialmente affermate – ciascuno rispecchia se stesso, ricercando il senso dell'appartenenza, l'impressione di non essere soli. Con un'espressione azzeccata, quella odierna è stata definita la «Società delle interviste»[6] alla quale, però, manca il calore della comunicazione personale. Eppure si è più attaccati a questi spettacoli televisivi che non a una condivisione reale della quale peraltro si avverte un disperato bisogno poiché quanto la tivù mostra non scioglie il ghiaccio dell'isolamento. Ciascuno è chiuso in sé; ha diritto – come si dice – alla sua privacy che, non di rado, è un termine elegante e neutrale per esprimere noncuranza verso gli altri. È stato giustamente osservato che proprio le città, prodotte all'origine per garantire sicurezza, oggi vengono più associate al pericolo, al punto che le strategie per sopravvivere in esse non sono lo stare assieme, ma l'evitarsi e rimanere separati[7]. Eppure quanta sete di socialità è ancora viva! L'indizio più significativo è rappresentato dall'uso illimitato dei cellulari che tradisce spesso l'incapacità di convivere con la propria solitudine.

L'analisi qui tracciata denuncia gli effetti dell'individualismo che ricadono proprio all'interno della struttura familiare. Da questo punto di vista il compito di noi cristiani consiste nel tener fede ai valori tradizionali, anche se questo significa remare contro corrente. Se non si vuole andare alla deriva, la famiglia deve rimanere per noi il luogo dell'ap-

---

[3]   Cf. Z. BAUMAN, *Intervista sull'identità*, Laterza, Bari 2003, 33.
[4]   Cf. Z. BAUMAN, *Modernità liquida*, Laterza, Bari 2006, 7.
[5]   *Ivi* 68-70.
[6]   *Ivi* 92.
[7]   Cf. Z. BAUMAN, *Dentro la globalizzazione*, Laterza, Bari 2007, 54-55.

partenenza, dell'accoglienza, dell'apertura, della cura degli altri e della crescita nell'amore.

L'analisi preliminare sull'individualismo mostra che, quando uno ha la sensazione di non appartenere a nessuno, soffre di un isolamento che porta all'angoscia. Nasce così il senso di inutilità, di collera e di odio. Chi non si sente amato crede di non essere amabile, di essere cattivo e questo isolamento si trasforma rapidamente in colpevolezza. Il senso della famiglia – diversa dall'aggregato – è quello di dare il senso dell'appartenenza e di confermare nella propria identità, di rispondere a un bisogno di comunione che tutti ci portiamo dentro. Essa diviene così anche luogo di apertura. In una famiglia noi diciamo la nostra appartenenza reciproca e i nostri legami, annunciamo i nostri scopi e lo spirito che ci unisce. Insieme riconosciamo che siamo responsabili gli uni degli altri e che questo legame viene da Dio, è un dono di Dio. È Lui che ci ha scelti e ci ha chiamati insieme e vuole che abbiamo sollecitudine gli uni verso gli altri.

La famiglia diviene così il luogo dell'amore reciproco. In una famiglia si ama o, quantomeno, si cerca di amare ogni persona passando prima per il rispetto. E questo comporta l'accettazione dell'alterità. Non ci si può pertanto attendere che tutti debbano pensare allo stesso modo, magari sopprimendo la storia personale e l'intimità di ogni persona. Ciascuno deve essere accettato così com'è non perché rimanga tale, ma perché attraverso la tolleranza e l'aiuto possa maturare.

C'è un aspetto qualificante della famiglia che è dato dalla *comunione e collaborazione* che nascono dalla coscienza della comunione, ossia dal condividere non soltanto la vita, ma anche gli stessi valori. È su questo piano che si crea unità e per questo è necessario favorire, nella vita di tutti i giorni, le realtà, i simboli, gli incontri e le celebrazioni che risveglino questa coscienza della comunione.

Vorrei infine ricordare che la famiglia cristiana dev'essere *luogo di guarigione e di crescita*. Essa può essere un luogo terribile perché in essa sono rivelati i limiti, le paure e l'egoismo di ciascuno. Qui si scopre la propria povertà e le proprie debolezze, l'incapacità di intendersi con alcuni, i propri blocchi, la propria affettività disturbata, le frustrazioni, le gelosie, gli odi e la voglia di distruggere. Finché si è soli, si può credere di amare tutti quanti. Vivendo invece con gli altri ci si rende conto di quanto si è incapaci di amare. Allora l'amore sembra un'illusione. È difficile accettare questa rivelazione della nostra incapacità e, allora, la si proietta all'esterno, magari colpevolizzando gli altri. Eppure, anche in questa funzione maieutica, la famiglia assolve a un ruolo ben preciso: quello di farci conoscere a noi stessi. In tal caso essa diventa il luogo della liberazione e della crescita perché ci aiuta a prendere coscienza e non ci estranea a motivo dei nostri limiti.

La famiglia cristiana inoltre deve costituire *il luogo del perdono*. Accettare che gli altri siano così come sono è il modo sicuro per essere certi che Dio ci ama così come siamo.

È in questo tipo di famiglia cristiana che deve trovare posto la preghiera fatta assieme, intesa come espressione esterna nel condividere gli stessi ideali, gli stessi valori, la stessa fede. La storia ci insegna che molte volte chi ha tenuto coese le nostre famiglie nel passato è la fede in Dio e la consapevolezza che il patto d'amore non si fa soltanto tra un uomo e una donna, ma tra un uomo, una donna e anche Dio.

Ho delineato alcune idee. È certo che la loro realizzazione non è sempre facile, ma quanto detto può servire come orientamento o come esame di coscienza. Soprattutto oggi dinanzi alle pulsioni individualiste della società odierna, la missione di noi cristiani sta nell'avere ben chiaro in testa che se mai può esistere una comunità familiare o anche parrocchiale, questa può esserlo se si è uniti sul piano dei valori e nel reciproco interesse.

E dunque dinanzi alle provocazioni dell'individualismo odierno e dei suoi effetti devastanti la risposta cristiana può essere soltanto questa di credere nella famiglia come reciproco servizio che nasce sul reciproco amore. Basta ricordare che la porta della felicità, per quanto impegnativa, ha una sola maniglia ed è quella verso l'esterno, verso la propria moglie, il proprio marito, i propri figli. Non ci si pentirà mai di avere amato. Ci si pentirà di non averlo fatto abbastanza.

Parrocchia SS. Trinità, Milano, 23 gennaio 2005

Carissimi,

ringrazio padre Alessandro dell'invito a stare con voi in questo luogo e in questo giorno che ricorda i santi della nostra famiglia. È l'occasione per salutarvi e per chiedere la vostra preghiera all'inizio di un nuovo cammino, che come ho già detto a Monforte, vorrei che fosse condiviso dall'intera provincia. Sono e rimango frate cappuccino lombardo che con i suoi fratelli – non da solo – si sforza di mettere al centro della sua vita il Signore Gesù nel servizio del prossimo. Le forme possono essere diverse, ma la sostanza e la meta è la stessa per tutti.

Il giorno di oggi, in particolare, ci richiama alla testimonianza dei santi francescani e dovrebbe servire per rinnovare il nostro *propositum vitae*, sottraendoci all'inevitabile 'routinizzazione' del 'carisma'. Proprio i santi che oggi ricordiamo sono un segno di ottimismo nelle possibilità che ciascuno di noi ha. Siamo invitati a guardarli per scoprire il santo che potenzialmente è dentro di noi, oltretutto facciamo parte della stessa famiglia. «Credere – scriveva il teologo Pierre Gisel – significa sapersi generato», percepirsi cioè all'interno di una discendenza credente, in un processo di continuità che garantisce il senso dell'appartenenza e indica le mete da raggiungere.

Certo diventa sempre più difficile lasciarsi dire da uomini e donne del passato qual è la strada da percorrere. Oggi ogni individuo nella sua vita è portato a crearsi un proprio sistema di valori[1], a plasmarsi un'identità che non gli è "data" ma che diviene un compito. Evidentemente, rinunciando all'appoggio della comunità che è portatrice di valori assieme alla comunità, si perdono anche i valori che essa trasmette[2]. L'identità da cosa data diviene un compito anche se poi gli individui, abbandonati a se stessi, non sono sempre in grado di assolverlo. Non

---

[1] Cf. D. HERVIEU-LEGER, *Il pellegrino e il convertito...*, *op. cit.*, 28.
[2] Cf. R. BOUDON, *Declino della morale? Declino dei valori?*, Il Mulino, Bologna 2003, 10.

meraviglia che questa situazione ingeneri stati d'incertezza, di paura, di rinuncia ad assumersi responsabilità dinanzi alle quali ci si sente impari, inadeguati. Il senso della vita non è dunque più la realizzazione di un progetto poiché i progetti "legano" mentre si vuol essere liberi, anche se poi s'ignora a cosa serve la libertà o non si è in grado di sopportarne le conseguenze.

Un aspetto legato a questo individualismo è il profondo senso di solitudine che investe le persone. Le ansie, i timori sono privatizzati. Ciascuno è chiuso in sé; ha diritto – come si dice – alla sua privacy che, non di rado, è un termine elegante e neutrale per esprimere noncuranza verso gli altri.

Mi pare s'innesti in questo contesto la nostra funzione oggi e che raccolgo in poche espressioni: quella di essere custode della memoria, testimone di speranza, ricercatore di Dio, costruttore di comunità, cristiano libero e liberatore.

a. *"Custode della memoria"*. Contro la dissoluzione del tempo nell'istante e dinanzi alla perdita del senso della continuità, le comunità religiose, oggi più che nel passato, devono ergersi come custodi della memoria e della continuità evitando però il ripiegamento restituzionista o l'irrigidimento settario. La fedeltà al proprio carisma, precisa *Vita consecrata* I, 36-37, «Dev'essere una fedeltà creativa, dinamica, che sa rispondere alle esigenze del momento senza allontanarsi dall'ispirazione iniziale».

Non si tratta di sanare o tenere in piedi vecchi edifici storici. La memoria deve essere sempre profetico-critica. Essere custodi della memoria, nella fedeltà alla Tradizione, non significa ripetere e tramandare senza creatività e senza attenzione all'uomo d'oggi il patrimonio della fede cristiana, dal momento che il ruolo della Tradizione «è quello di attualizzare il passato nel presente, di restituire, nel 'mondo vissuto' la memoria viva di una fondazione che lo fa esistere nel presente»[3]. Sono i valori che vanno conservati e non il loro rivestimento che può variare a seconda dei momenti e dei tempi. Ce lo ricorda l'esortazione apostolica

---

[3] D. HERVIEU-LEGER, *Religione e memoria*, Il Mulino, Bologna 1996, 138.

Vita consecrata quando specifica che «gli istituti sono invitati a riproporre con coraggio l'intraprendenza, l'inventiva e la santità dei fondatori e delle fondatrici come risposta ai segni dei tempi emergenti nel mondo d'oggi» (I,37).

b. *"Testimone della speranza"*. Dai nostri fratelli e sorelle della famiglia francescana apprendiamo che la loro vita si è eretta sul "principio – speranza". Proprio questo termine è stato il più ricorrente nel linguaggio degli ultimi due sinodi (quello sull'Europa e quello sui vescovi). E lo si capisce, dal momento che molti uomini oggi vivono sotto l'ombra del pessimismo e della disperazione. Già l'apostolo Pietro invitava i cristiani nell'essere «sempre pronti a rispondere a quelli che vi chiedono spiegazioni sulla speranza che avete in voi» (1Pt 3,15). Non è detto che si debbano offrire spiegazioni a chi ci interpella su quanto crediamo, ma su quanto speriamo. E la ragione è semplice: mentre la fede potrebbe debordare in semplici idee, in un pensiero lontano dal vissuto, la speranza è strettamente legata alla vita. Ne specifica le scelte, indica i valori che la supportano. Si rende ragione della speranza che abbiamo soltanto attraverso la vita. È questa che parla. Il religioso che costruisce la sua vita sulla 'promissio' di Dio, intende poi questa vita come una 'missio': chi spera, vivendo proclama ciò in cui spera e per questa strada aiuta gli altri a sperare. Mi pare s'innesti qui la nostra funzione come 'testimoni e servitori della speranza'; una funzione legata alla scelta del "Regno" che è già, ma pure "non ancora" e che serve per relativizzare tanti assoluti che l'uomo di oggi si costruisce per dare fondamento stabile al suo esistere.

c. *"Ricercatore di Dio"*. È un fatto che la vita religiosa è centrata nella ricerca di Dio che passa attraverso la sequela di Cristo povero, casto, itinerante e obbediente al Padre. Ciò non significa che questa vocazione fa dei religiosi un'élite. La sequela, infatti, riguarda tutti i cristiani, anche se non tutti sono chiamati a una radicalità come permanente norma di vita. Sia il cristiano laico come il religioso sono chiamati semplicemente a ratificare e ad approfondire le promesse battesimali che riguardano tutti. A ogni cristiano è proposto il duplice precetto dell'amore di Dio sopra tutte le cose e dell'amore del prossimo come se stessi. Se vi sono differenze vanno appunto ricercate nell'intensità di vivere questi comuni impegni. Sono le modalità che creano distinzione, non la meta che è uguale per tutti. Certo la funzione della vita religiosa, proprio per il suo carattere di radicalità espresso dai voti, dev'essere di testimonianza. Il compito del religioso oggi è quello di decifrare la sete di assoluto che ogni uomo si porta dentro. Tutti hanno in sé un *infinito desiderio*, come lo chiamava S. Caterina da Siena, cioè un'ansia, un'inquietudine, una fame e una sete che niente e nessuno potrà pienamente colmare. Tutti la sentono, ma non tutti capiscono da dove viene. Bisogna che qualcuno la interpreti e la indirizzi. Il senso della vita religiosa è un *ancora di più*. Come direbbe S. Romualdo: «Noi abbiamo scelto un *ancora di più*». In una società come la nostra in cui esiste un "politeismo di valori", il nostro compito consiste nel dare il nome di *Dio* e di *Gesù* a questo infinito desiderio di gioia che fa di ogni uomo un mendicante.

d. *"Costruttore di comunità"*. A motivo della nostra scelta siamo chiamati a garantire il senso di comunità all'interno di una Chiesa che, vista esternamente, potrebbe apparire soltanto istituzione, struttura. Le comunità religiose, soprattutto oggi in un mondo che produce individui sempre più isolati, sempre più soli, devono essere un antidoto contro il veleno dell'individualismo che porta a considerare la fede una faccenda privata. Il significato della comunità è quello di dare il senso dell'appartenenza e di confermare nella propria identità, di rispondere a un bisogno di comunione che tutti ci portiamo dentro. Martin Buber parlava della comunità come «luogo della teofania»: è il luogo dell'appartenenza, dell'accoglienza, dell'apertura, della cura degli altri e della crescita nell'amore. Quando uno ha la sensazione di non appartenere a nessuno, soffre di un isolamento che porta all'angoscia. Nasce così il senso di inutilità, di collera e di odio. Chi non si sente amato crede di non essere amabile, di essere cattivo e questo isolamento si trasforma rapidamente in colpevolezza. Evidentemente non si ama la comunità in senso astratto: un tutto, un'istituzione o un modo di vita ideale. Sono le persone che contano e la comunità non può mai avere il primato su di esse: è in funzione di loro e non viceversa. Ricordo un'espressione di D. Bonhoeffer: «Chi ama la comunità, distrugge la comunità; chi ama i fratelli costruisce la comunità». La comunità, insomma, sono gli altri, ciascuno degli altri, che deve essere accettato così com'è non perché rimanga tale, ma perché attraverso la tolleranza e l'aiuto degli altri possa maturare. Il senso del vivere comunitario sta nell'imparare ad accettare le differenze, nell'imparare a confrontarsi con gli altri, nel crescere assieme. Chi fa questa scelta di vita deve divenire maestro del dialogo e testimone del valore primario dell'amicizia. E ciò è essenziale oggi in cui persino i rapporti tra le persone sono mercificati e dove uno è legato all'altro sino a tanto che può essere 'utile'. In effetti, la mentalità odierna di tipo consumistico sviluppa l'abitudine di farci giudicare i beni (persino l'amore, l'amicizia) in base al vantaggio o al piacere che ne proviene: esempio di come i valori del mercato possono deformare il giudizio delle persone a spese dei valori più sostanziali.

Come si coglie in tutta la tradizione patristica il senso della vita religiosa è visto nel riprodurre la prima comunità di Gerusalemme dove *tutti avevano un cuor solo, ogni cosa era in comune, dove tutti si sentivano testimoni della resurrezione di Gesù, godevano della simpatia popolare e nessuno di loro era nel bisogno* (cf. At 4,32). Questo è ancor oggi il modello ideale cui fare riferimento. Si tratta insomma di 'mediare' per la grande Chiesa l'esperienza di Gerusalemme, mostrando che non è un'utopia volersi bene, condividere gli stessi valori, la stessa speranza e lo stesso pane. La fede cristiana non è una faccenda privata e la comunità non è un sovrappiù cui si può anche rinunciare. Non si vive per sé, non si può essere cristiani da soli, non ci si salva senza gli altri. È Dio che ci ha legati. E dunque la ricerca di Dio non significa voltare le spalle agli altri. L'ascesi non è mai fine a se stessa. La ricerca di Dio non si può disgiungere dall'attenzione e dall'amore per il prossimo. È unico infatti l'amore con cui si ama Dio e il prossimo. Non abbiamo due cuori.

In questo contesto il senso della vita religiosa sta proprio nell'aiutare il popolo di Dio ad acquistare un più forte sentire comunitario. Il significato della Chiesa-comunione deve trovare una esemplificazione nelle comunità religiose. Esse hanno altresì il compito di mostrare che dentro il grande apparato che chiamiamo Chiesa c'è un cuore che batte: occorre far percepire agli uomini e alle donne di oggi che dietro la realtà della Chiesa-struttura c'è il mistero della Chiesa-comunione.

e. *"Cristiano libero e liberatore"*. Come ho accennato prima oggi si parla molto di libertà, eppure questa parola è spesso fraintesa; non è comunque un concetto omogeneo; anzi è talmente esposta a fraintendimenti da indurre a credere che la crisi dell'Occidente sia una crisi dell'idea di libertà[4]. È una crisi tale da giungere ad individuare nella libertà la radice di ogni male. In effetti il termine 'libertà' è inflazionato sino alla svalutazione e spesso serve per giustificare atteggiamenti di individualismo, di spontaneismo, di totale indifferenza verso gli altri o di apparente tolleranza che tutto sommato nasconde una mentalità relativista ed anarchica, sia in ambito sociale che privato. Ebbene, il senso della nostra vita in questo contesto sociale è di tenersi liberi e critici rispetto ai condizionamenti che sono prodotti oggi. È vero, respiriamo la stessa aria che respirano tutti gli altri, leggiamo gli stessi giornali, vediamo la stessa televisione, eppure la funzione 'profetica' della vita religiosa sta nel salvaguardare la nostra libertà interiore. Se non la salviamo, non potremo neppure aiutare gli altri a divenire liberi. Insomma, si tratta di essere liberi come il Maestro. Sulla bocca di Gesù la parola 'libertà' è del tutto assente. E, tuttavia, questo concetto improntà tutte le sue parole e azioni. Se poi la libertà costituisce 'il tratto caratteristico' di Gesù allora la sua libertà diventa l'elemento di verità e di autenticità del discepolo. Detto altrimenti, non si può agire e pensare da schiavi alla sequela di un 'libero'. E dunque, partecipare nella sequela di Gesù alla sua missione, comporta rimanere come lui, liberi, disponibili e capaci dell'amore che serve e si sacrifica.

Vorrei aggiungere che salvare la libertà, nostra e altrui, significa salvaguardare la dignità dell'uomo, più importante del valore del mercato che mercifica tutto e misura gli esseri in base alle loro prestazioni. Per il

---

[4] Cf. R. BULTMANN, *Il significato dell'idea di libertà per la civiltà occidentale*, in *Credere e comprendere*, Queriniana, Brescia 1977, 627-644.

cristianesimo un uomo non vale per quello e fintanto che produce, ma semplicemente perché è uomo «a immagine di Dio» (Gen 1,27). Questo modo di pensare si scontra con la mentalità odierna: tra una comunità che cerca di creare delle 'persone' rispetto a una società che produce degli 'individui' tanto più facilmente manipolabili quanto più 'individui', cioè 'isolati'.

Contro il principio moderno secondo cui l'uomo è a servizio del mercato, si erge la proposta del vangelo con la sua scoperta di ogni persona davanti a Dio e con l'affermazione del suo incommensurabile valore. L'assicurazione e la chiave di lettura del cristianesimo e del suo messaggio di speranza, che come religiosi dobbiamo vivere e annunciare, sta proprio qui: nel sapersi scelti da Dio prima della creazione del mondo (cf. Ef 1,4), nel sapersi chiamati ad essere simili al Figlio suo per partecipare alla sua gloria (cf. Rom 8,30). La porta d'ingresso nel mondo è l'elezione; la porta d'uscita l'eredità promessa (cf. Ef 1,14). Si entra in quanto scelti, si esce in quanto figli e, come tali, eredi con Cristo (cf. Rom 8,17). È su queste due verità predicate dalla Scrittura che si erge la speranza cristiana. In fondo, chi cerca di vivere la fiducia nel Dio predicato da Gesù apre ad altri esperienze redentive di liberazione, di felicità. Soprattutto fa capire loro che dietro le cose che passano, *in* e *sopra* tutto ciò che è insicuro e passeggero c'è una realtà stabile, c'è un *Tu* sul quale possiamo sempre appoggiarci («Tu sei con me», Salmo 23). Oggi è soprattutto l'esperienza dei santi francescani a ricordarcelo.

Caravaggio (Bergamo), 29 novembre 2004

Santa Messa per l'Opera San Francesco,
celebrata nella chiesa del Sacro Cuore

Cari fratelli e sorelle,
ringrazio padre Maurizio per l'opportunità di essere con voi, nella mia città e in questa chiesa. Questa sera ricordiamo in modo particolare la figura di fra Cecilio che spesso ho incontrato qui da giovane studente e ricordiamo l'Opera di San Francesco alla quale egli ha dato vita. Fra Cecilio ha offerto a quest'opera i motivi ispiratori; i milanesi li hanno capiti e con la generosità loro caratteristica, li hanno resi operativi.

Non è una scelta di tipo devozionale che quest'opera stia sotto il nome di Francesco d'Assisi. Egli, fin dall'inizio del suo cammino di fede ricordato nel Testamento, ha colto l'inscindibile nesso tra la ricerca di Dio e la scoperta di un'umanità sofferente, tra la contemplazione del crocifisso situato nella chiesetta di San Damiano e i crocifissi lebbrosi emarginati fuori dalla città d'Assisi. Francesco ha avvertito la piena identificazione che esiste tra di essi, così come ha capito che la risposta alla chiamata di Dio si realizza nell'usare 'misericordia verso di loro'. Lo stesso gesto di baciare i lebbrosi non costituisce per lui una vanagloriosa affermazione del proprio coraggio nella quale ricercare se stesso. Non è un'azione di autocompiacimento, ma espressione di un sofferto e consapevole distacco dal proprio 'io', dal momento che 'il Signore' si lascia cercare, trovare ed amare proprio là dove il giovane Francesco non l'avrebbe mai voluto cercare.

La sofferenza non ha bandiere, o meglio, le ha tutte perché è quanto accomuna gli uomini al di là di tutte le differenze. Nel lasciarsi guidare tra i lebbrosi Francesco ha colto la continuità tra il dolore del crocifisso e il dolore di chi gli stava attorno. Non ha visto nel crocifisso un simbolo confessionale che crea steccati e divisioni, ma l'ha assunto come espressione di quella solidarietà nel dolore che lega Cristo a tutta l'umanità, e che necessariamente diviene com-passione verso tutti. Chi, come il santo di Assisi, ha inteso che è la stessa sofferenza a congiungere Cristo ai lebbrosi, anzi a tutta l'umanità, non potrà mai fare della croce un simbolo ideologico, non potrà utilizzarla per crociate che vanno contro l'uomo. Proprio questa empatia di Cristo con chi soffre, ha permesso a Francesco di scoprire, o quantomeno di potenziare, il sentimento della compassione. Ciò che lo rende fratello di tutti non è perciò la condivisione di uno stesso credo o l'appartenenza ad un gruppo particolare, ma l'universalità della sofferenza che diviene universalità di compassione.

Questa è la lezione valida anche per l'oggi nei confronti dei poveri moderni che abitano nella nostra città. In una società selettiva com'è la nostra, dove gli esseri che non producono e non consumano sono inutili, un'eccedenza senza valore perché fuori dal ciclo produttivo e dal gioco consumistico, l'impegno di un cristiano che prende seriamente il nome che lo qualifica, si realizza nel contrapporsi a questo principio di crudele selezione. La solidarietà con i poveri e gli esclusi di Francesco, si pone contro la legge del più forte che nega agli altri il diritto alla sopravvivenza. Essere – come lo è stato fra Cecilio – testimone del vangelo per le strade di Milano, ha rappresentato una pacifica ma forte denuncia nei confronti dell'indifferenza e della desolidarizzazione della nostra società che ignora i poveri o che li emargina in "ghetti di disperazione", perché non siano visibili, esattamente come avveniva con i lebbrosi confinati al di fuori della città di Assisi. La loro invisibilità, infatti, non fa nascere problemi di coscienza, non genera turbamento, ma neppure quell'empatia che sta alla base della solidarietà.

Per sé la povertà economica non è una tragedia se le persone appartengono ad una società con un forte senso di solidarietà. Di fatto, però, l'odierna società dei consumi sta in piedi proprio perché riduce il valore della vita associata e della comunità, e ignora più o meno insensibilmente la vocazione dell'uomo come essere-per-gli-altri. In un mondo 'flessibile' in cui i legami tra le persone divengono 'deboli' e dove la competitività nel fare e nel produrre, nell'emergere, contrappone gli uni agli altri, vivere e pensare da cristiani significa anzitutto prendere e far prendere coscienza che la giustizia non è stabile se non è costruita sulla solidarietà, ossia sulla scoperta dell'altro come parte di me che m'impegna responsabilmente. Una parte che, non diversamente da me, soffre.

J.B. Metz ricorda che proprio il «dar voce al dolore altrui è premessa incondizionata di ogni futura politica di pace, di tutte le nuove forme di solidarietà sociale»[1]. Va insomma sostituita la selezione con la solidarietà, l'aggressività con la cooperazione, la guerra con la pace. Come è stato osservato «una comunità ecclesiale può svolgere la sua missione in un mondo che tende all'unificazione, solo quando, valorizzando la sua vocazione universale per una maggiore giustizia, è in grado d'immettere nella società dinamiche di gratuità, di accoglienza, di misericordia e di perdono»[2]. La soluzione dei problemi di oggi non è legata ad una più equa distribuzione delle ricchezze, ma ad un recupero della solidarietà che si ottiene avendo ben presente il valore incommensurabile che ogni uomo ha in quanto voluto e amato da Dio.

Un antico monaco ha dichiarato che quanto più ci si avvicina a Dio, tanto più ci si avvicina agli altri. I due aspetti sono inscindibili e rientrano nella logica del vangelo, dalla quale siamo ancora lontani dal tirare tutte le conseguenze. Il segreto della santità di Francesco e di fra Cecilio sta nell'averlo fatto tenendo assieme la croce di Cristo e la croce degli uomini. A ben vedere non si tratta di due croci diverse, ma dei due pezzi dello stesso legno che insieme formano l'unica croce, come ci lascia intendere Gesù («Quello che avrete fatto a uno di questi piccoli...», Mt 25,40).

La memoria di quest'intuizione che ha dato origine all'Opera di San Francesco, sia per noi stimolo nell'essere sempre sensibili al dolore dei nostri fratelli e coscienti del loro valore agli occhi di Dio. E poi non possiamo dimenticare che la casa della felicità ha una sola porta, ed è quella che dà verso l'esterno, verso gli altri. Ce lo ricorda anche Gesù quando, avendo presente la massa di poveri che lo circondavano, ha affermato che «c'è più gioia nel dare che nel ricevere» (At 20,35).

Milano, 8 ottobre 2005

---

[1] J.B. METZ, *Sul concetto della nuova teologia politica*, Queriniana, Brescia 1998, 218.

[2] C. MOLARI, "Nuova cattolicità: essere Chiesa nella globalizzazione", in *Credere oggi*, 139(2004), 105.

Omelia introduttiva agli esercizi spirituali
tenuti alla Curia Generale dei Frati Minori Conventuali

Nel *Commento al salmo LXVI* 3, Agostino invitava i suoi fedeli a leggere nel libro della natura, prendendo esempio dalle formiche le quali in estate raccolgono provviste per l'inverno. Ma quale inverno, si domanda? «Quando la vita era tranquilla (...), quando uno era libero da preoccupazioni, quando da tutti era detto felice, allora era la sua estate. Se avesse udito la parola di Dio, avrebbe imitato la formica: avrebbe raccolto il grano e lo avrebbe nascosto all'interno. Sarebbe poi venuta la prova della tribolazione, l'inverno del torpore, la tempesta della paura, il freddo della tristezza (...), questo è infatti l'inverno. Allora la formica avrebbe potuto tornare a ciò che aveva raccolto nell'estate. (...). Ebbene, io ti parlo mentre siamo in estate, mentre c'è tanto grano da raccogliere. Guarda la formica, o pigro. Raccogli d'estate finché puoi; l'inverno non ti permetterà più di raccogliere; potrai soltanto mangiare ciò che avrai raccolto».

Accogliendo l'invito di Agostino, iniziamo questi giorni di esercizi spirituali per trovare alimento, cioè significato, motivazioni per il nostro vivere in un'esistenza che non è priva d'inverni. Lasciamo che sia ancora Agostino ad accompagnarci in questo tempo pregando, com'egli fece, offrendo al Signore docilità di cuore e disponibilità.

O Dio,
comanda ed ordina ciò che vuoi,
ti prego, ma guarisci ed apri le mie orecchie
affinché possa udire la tua voce.
Guarisci ed apri i miei occhi
affinché possa vedere i tuoi cenni (...).
Dimmi da che parte devo guardare
affinché ti veda,
e spero di poter eseguire tutto ciò che mi comanderai (...).
Sento che devo tornare a te;
a me che picchio si apra la tua porta:
insegnami come si può giungere fino a te.

Non ho altro che il buon volere;
so soltanto che le cose caduche e passeggere si devono disprezzare,
le cose immutabili ed eterne ricercare.
Ciò so, o Padre, poiché questo solo ho appreso,
ma ignoro da dove si deve partire per giungere a te.
Tu suggeriscimelo,
tu mostrami la via e forniscimi ciò che necessita al viaggio.
Se con la fede ti ritrovano coloro che tornano a te,
dammi la fede;
se con la virtù, dammi la virtù;
se con il sapere, dammi il sapere.
Aumenta in me la fede,
aumenta la speranza,
aumenta la carità,
o bontà ammirevole e singolare![1]

Questa preghiera esprime la volontà di rispondere alla chiamata di Dio ma anche la difficoltà nel trovare le strade concrete per realizzarla. Cristo, che ci invita a seguirlo, non ci risparmia la difficoltà della ricerca che, tutto sommato, è un modo per provare la sincerità del primo 'sì' facendoci passare da una mera velleità ad una decisa volontà: è il passaggio da un generoso atto di dedizione al volere di Dio ad una dedizione ininterrotta fatta di tanti 'sì' reiterati quotidianamente con la fantasia di chi ama.

In questo passaggio un primo passo consiste nel ritorno in sé. Questo ritorno in sé, tuttavia, non va inteso come un momento di introversione, ma come uno stimolo per ravvivare delle scelte fatte che non hanno un carattere puntuale e chiuso, ma richiedono risposte nuove, date in circostanze nuove e attraverso esperienze nuove. Non è male ricordare che «progredire significa ricominciare sempre di nuovo». Impegnati a volte oltre misura, è opportuno avere l'umiltà dell'ascolto e la capacità di creare un certo vuoto attorno a noi: metterci dinanzi a Dio ed orientare più chiaramente verso di Lui la nostra vita, liberando anzitutto il

---

[1] AGOSTINO, *Soliloqui* 1,1,5.

nostro fare dall'ambiguità e da intenzionalità seconde che possono guidare le nostre scelte e i nostri comportamenti.

Tra le finalità di questi esercizi rientra allora una purificazione delle nostre intenzionalità. Che sto facendo? Dove sto andando? Per chi vivo? Perché e come prego? Servendo gli altri, chi servo veramente? Si tratta di interrogativi che ci impongono un'autenticità di vita, frutto del rientrare in se stessi.

Un tempo di grazia come quello che *ora* ci è concesso – se serve per farci vivere momenti di fraternità sacerdotale e di tranquillità interiore – deve valere anche per portarci a riflettere su di noi, facendoci porre quegli interrogativi che anche Agostino, dopo anni di vita sacerdotale, ancora si poneva: dove sto? Dove sto in rapporto a Dio? «Che cosa sei per me?... E che cosa sono io per te, sì che tu mi comandi di amarti e ti adiri verso di me e minacci se non obbedisco?... Non voglio ingannare me stesso nel timore che la mia iniquità mi inganni...»[2]. E, infine: «Che amo quando amo il mio Dio?»[3]. Si tratta di interrogativi seri che costringono a rientrare in se stessi. «Torna al tuo cuore», esorta ancora Agostino; torna là dove abita la verità dell'uomo. «Torna al tuo cuore: vedrai allora l'immagine che ti sei fatto di Dio, perché nel tuo cuore, è l'immagine di Dio»[4]. È appunto soltanto rientrando in sé che si affaccia l'interrogativo: «Che cerco io quando cerco Dio?», e – d'altra parte – qual è l'immagine che ho di Lui? La storia – e lo ha richiamato anche il Papa a proposito dell'inquisizione – ci conferma che ci si può creare una falsa immagine di Lui. Tale fu – ancora secondo Agostino – il dramma di alcuni giudei. «Se si fosse chiesto ai giudei se amavano Dio – scrive – avrebbero certamente risposto che lo amavano. Non avrebbero detto una menzogna, ma sarebbero stati tratti in inganno dalla falsa idea che essi avevano di Dio»[5].

In effetti, se «ogni anima segue la sorte di ciò che ama»[6], vedendo ciò

[2] *Confessioni I*, 5-6.
[3] *Confessioni X*, 7.
[4] *Omelia XVII in Giovanni*, 10.
[5] *Omelia XC in Giovanni*, 3.
[6] *Omelia VII in Giovanni*, 1.

che abbiamo amato o amiamo capiamo quel che veramente ci interessa. Noi che cosa vogliamo? Chi può saperlo se non torna in se stesso? E chi torna in se stesso se non lo vuole? Il nostro primo atto di conversione oggi è proprio questo: fermarsi, accettare di riflettere su di sé, di stare con sé. Questo primo atto è come una confessione che non dice a Dio quel che siamo – quasi che egli non lo sappia! – ma che dice a noi stessi, davanti a Lui, chi siamo e dove stiamo andando. Certamente, pensare a sé dinanzi a Dio può creare un senso di smarrimento. Infatti, entrati, quanto più si va a fondo e tanto più si prende paura. Ce lo ricorda Ilario quando afferma che «l'aumento della conoscenza [di sé] è aumento del dolore». Anche Francesco ce lo rammenta quando, nelle notti di preghiera, modulava il suo dialogo con Dio con la semplice frase: «Chi sei tu, Dio mio, e chi sono io?». Rientrando in se stessi si percepisce, infatti, la propria miseria che diventa ancor più bruciante a confronto con quello che sentiamo di dover essere. È allora che la virtù dell'umiltà acquista peso e si contrappone ad un senso di sgomento. È l'àncora, gettata da Dio attraverso Cristo, che impedisce di naufragare. La via dell'ascesi cristiana, la conoscenza di sé e di Dio incrocia la strada dell'umiltà che ci libera dallo scoraggiamento e dalla disperazione che se non è il peccato più grave, è certamente il più pericoloso perché fa di noi dei rassegnati e degli sconfitti. Clemente Alessandrino avvalora questa convinzione con un'immagine: «Tra gli atleti – scrive – colui che dispera di poter vincere ed ottenere la corona della vittoria, non si iscrive nemmeno alla gara»[7]. La medicina per combattere la disperazione e lo sgomento è la fede nella misericordia di Dio espressa nell'umiltà di Cristo. «Si è fatto quindi debole per la nostra debolezza, – commenta Agostino – per mezzo della sua debolezza ha sanato la nostra (...); del suo corpo ha fatto un collirio per i nostri occhi»[8].

Evidentemente questo tempo deve servire anche per una revisione del nostro ministero, rafforzando il convincimento che la nostra pastorale si può rinnovare attraverso un rinnovamento di noi stessi e del no-

---

[7] CLEMENTE, *C'è salvezza per il ricco?* 3, 3.
[8] *Commento al vangelo di Giovanni – Omelia XXXV*, 6.

stro modo di concepire la Chiesa. Influenzati dall'efficientismo odierno, spesso mettiamo in atto una pastorale di cose nella quale gli uomini riempiono, costi quel che costi, le caselle di uno schema già tracciato, come se il loro ruolo fosse di dar vita a un sistema e di renderlo, possibilmente, fiorente. D'altra parte, siamo coscienti che è dalla somma delle conversioni personali, più che dalla sola ottimizzazione dell'apparato, che si cambia in meglio.

Occorre allora di continuo ricordarci che il nostro compito consiste anzitutto nel far incontrare Dio, nel far sì che ci si converta al vangelo. Eppure, suscitare, provocare a questa conversione presuppone che colui che è chiamato a esserne ministro s'impegni egli stesso come uomo spirituale e quindi ad altro titolo e in ben altro modo che non come collegamento amministrativamente qualificato, di un sistema o di un programma. È a questo livello, il meno "pratico" e tuttavia il più efficace, che si pone e deve cominciare un rinnovamento pastorale. Avendo presente ciò, nei giorni che seguono, ritorneremo alle fonti della spiritualità cristiana, quella neotestamentaria e soprattutto quella dei Padri, mettendole in contatto con la realtà di un mondo che cambia vertiginosamente e con il quale è difficile tenere il passo. Ci assista in questo proposito lo Spirito di consiglio e l'intercessione di Maria, volto materno dell'amore di Dio per ciascuno di noi.

Roma, 5 ottobre 2006

*Santa Messa in occasione del Capitolo provinciale
dei frati cappuccini lombardi*

Cari fratelli,

grazie per avermi permesso di stare un po' con voi e di potervi confermare in questa occasione il mio affetto alla Provincia alla quale devo tanto.

Quando penso alla Provincia, mi riferisco a ciascuno di voi a cui mi sento legato, non soltanto per la condivisione dello stesso ideale, ma soprattutto per il cammino di storia fatto assieme e che ci ha resi così prossimi da farmi sentire sempre a casa quando torno da voi.

Oggi, giornata dedicata alle vocazioni, mi è stato chiesto di proporvi qualche riflessione su questo tema. Lo faccio partendo dal vangelo di Giovanni che è stato giustamente definito il 'vangelo degli incontri personali'. Giovanni dà particolare rilievo agli incontri di Gesù con singole persone: Andrea, Pietro, la Samaritana, la peccatrice pentita. Anche il vangelo odierno (Gv 3,1-21), che presenta l'incontro di Gesù con Nicodemo, s'innesta in questa prospettiva. C'è un chiaro messaggio in questa attenzione: a Gesù non interessano le masse, ma egli chiama i singoli alla sua sequela. È sulla base di un rapporto con lui che nasce, si sviluppa e perdura la sequela.

Giovanni ci offre inoltre qualche elemento per capire che questa sequela consiste nell'accettare la testimonianza di quello che Gesù ha visto ed udito presso il Padre (cf. Gv 6,45-46). Sono fondamentali nel vangelo di Giovanni questi due verbi: vedere e udire. Ai primi due discepoli che lo seguono Gesù dice: «Venite e vedrete» e li intrattiene sino alle quattro del pomeriggio (cf. Gv 1,39); a Natanaele Filippo propone un «vieni e vedi» (cf. Gv 1,46). Con questi due verbi l'evangelista vuol significare esperienza, partecipazione, condivisione. Il vedere e l'udire vanno assieme. L'uno completa l'altro. Vorrei sottolineare che in Giovanni il vedere precede l'udire ma non si può separare. Gesù rimprovera Tommaso perché voleva vedere, dimenticando quanto Gesù gli aveva preannunciato. È ancora la comunicazione di quanto s'è visto e udito che costituisce il senso dell'annuncio cristiano. «Quello che abbiamo veduto e udito, noi l'annunciamo anche a voi» (1Gv 1,3). Il senso di queste parole è chiaro: Giovanni propone la sua esperienza perché generi altra esperienza. È una catena dove il senso del testimone è, per così dire, quello di parlare di sé perché chi vede ed ascolta vada oltre. Il compito del testimone è quello di far nascere la curiosità, l'interesse, la meraviglia. Platone ed Aristotele avevano individuato nella meraviglia il principio della filosofia. Chi vede ed è incuriosito, incomincia a porsi domande, a cercare delle risposte. Se tutto gli appare scontato, naturale, rimane nell'indifferenza. Non vediamo che questo principio sta anche alla base della nostra società dei consumi, dove, ogni giorno, si propone qualcosa di inedito, di più sofisticato, di più originale? Se non si propone la novità, si perde l'occasione. Non è un caso che di Gesù la Scrittura dica che quanti lo ascoltavano erano meravigliati (cf. Mt 17,28; Lc 11,14). Ancora la Scrittura ci parla di 'nuova alleanza', di nuova creatura, di cose nuove, di nuova vita, di nuovi cieli e di nuova terra, dove questo 'kainos' (nuovo) è concetto fondamentale nell'esperienza cristiana perché intende qualcosa di sorprendente che supera ogni aspettativa.

La stessa esperienza dei santi, e più particolarmente quella di Francesco, non ha il sapore della novità che crea dapprima stupore, perplessità per poi mutarsi in ammirazione? Egli è stato in grado di far nascere delle domande sul senso della vita cristiana e sul modo in cui era vissuta. Ha dato un impulso di giovinezza ad un cristianesimo vissuto come fatto sociale che non richiede una conversione e dove tutto appare scontato.

Alla luce di queste poche riflessioni credo che il nostro modo di produrre una pastorale vocazionale debba impegnarci a riflettere su come creare meraviglia mostrandoci meno allineati con un comune modo di vivere e di pensare, riacquistando una forza d'urto che forse abbiamo un poco smarrito, vittime – pure noi – di una società dalle oscure arti della manipolazione che non si ferma alle porte dei nostri conventi.

Se talora siamo poco convincenti è perché non siamo sufficientemente avvincenti. È ben chiaro che viviamo in una società con grande concorrenzialità di sollecitazioni dove facciamo fatica a farci largo.

Eppure non va persa di vista la consapevolezza che siamo sale e lievito per chi, come Nicodemo o l'adultera, cercano qualcosa di più. Non pensiamo che siano pochi. A tutti costoro l'annuncio da fare è lo stesso di Giovanni: «quello che abbiamo udito, ciò che abbiamo veduto con i nostri occhi, ciò che abbiamo contemplato e ciò che le nostre mani hanno toccato, ossia il Verbo della vita... noi l'annunziamo a voi» (1Gv 1,1.5).

Oggi chiediamo al Signore che benedica la nostra Provincia con il dono di nuove vocazioni. Da parte nostra, però, ravviviamo la consapevolezza di aver qualcosa da comunicare. Dopo duemila anni di cristianesimo c'è sempre un tesoro che giace ancora sepolto nel campo; c'è sempre una perla preziosa per il cui acquisto vale la pena vendere tutto. A noi sta di ricordarlo ai giovani che ci incontrano, rendendo credibili le nostre parole con la testimonianza della vita.

Triuggio (Milano), 4 aprile 2008

Santa Messa in occasione del suo 60° compleanno

Cari fratelli e sorelle,
è con gioia e riconoscenza che sono qui con voi. La mia gioia nasce dal potervi rivedere e salutare tutti. Oggi, come in passato, la parola "Stegaurach" è come una chiave che mi apre il cuore e lo allarga.

Nella nostra vita ci sono delle parole "magiche" che risvegliano sentimenti, ricordi, emozioni. "Stegaurach" è per me una di queste perché legata a tante esperienze di simpatia e d'amicizia che hanno reso bella la mia vita.

Gesù, nel vangelo di oggi, ci parla dell'amore verso i suoi discepoli. Egli dà questo amore perché prima lo ha ricevuto. Ama anzitutto perché si sente amato dal Padre.

Dico queste cose perché credo che anche per noi l'amore che ci è stato dato da parenti ed amici sia come una scuola dove apprendiamo ad accogliere e ad amare gli altri. Chi non è stato amato, o è stato amato poco, rifletterà nella sua vita questo vuoto. Veramente penso che l'amore è come il sole che riscalda ed apre ad una visione positiva della vita e dei rapporti umani.

Questo sole io l'ho sperimentato anche tra di voi e devo riconoscere che mi ha aiutato molto.

All'inizio ho detto che sono qui anche per mostrarvi la mia riconoscenza.

Vi sono grato perché avete voluto vivere con me momenti significativi della mia vita: il 25° di sacerdozio, il 50° anno di vita, l'ordinazione episcopale e ora il mio 60° compleanno. Certamente, festeggiare 60 anni non è come festeggiarne 30 o 50. Ma – come sapete – i vescovi vanno in pensione a 75 e, quindi, ho il diritto di sentirmi ancora abbastanza giovane e la Chiesa mi considera tale.

Prima ero quasi un "vecchio sacerdote", adesso sono diventato un "giovane vescovo".

Vorrei aggiungere che vi sono riconoscente anche perché, in questi ultimi due anni e mezzo, ho percepito la vostra solidarietà e, vorrei dire, anche il timore per la mia incolumità. Sapete che la mia vita in Turchia non è stata e non è facile. L'assassinio di un mio sacerdote, il ferimento di un altro, le intimidazioni ricevute, l'abbandono del sacerdozio di un giovane e poi le difficoltà di gestire una realtà molto piccola, ma complessa, mi hanno pesato e a volte mi tolgono la tranquillità e il sonno.

C'è poi il timore che all'improvviso uno o più pazzi, come è avvenuto ultimamente a Malatya, compia qualche gesto folle. Questa situazione vincola ancora i miei movimenti perché mi rendo conto che ormai tutto è possibile. Pertanto, sia psicologicamente che fisicamente, non sono più libero come prima. Forse questo è il prezzo da pagare per continuare a rimanere in Turchia e tenere in vita una comunità che stava per scomparire.

Spesso penso che in quella terra dove il cristianesimo è stato fiorente, siamo adesso tornati agli inizi, quando i cristiani erano malvisti o addirittura perseguitati. Ho detto e ripetuto che il popolo turco è fondamentalmente sano e disapprova gesti di violenza, ma continuo a dire che questo non ci mette al riparo da fanatici che colpiscono all'improvviso quando e come vogliono.

Purtroppo, certa stampa turca non smette di mettere in guardia dai missionari cristiani come se fossimo dei terroristi e le conseguenze, a volte, si pagano con la vita. Eppure, continuo a credere e a dire alla mia gente di Turchia che essere cristiani è un dono, che Cristo può illuminare la nostra vita e la nostra morte. Continuo ad invitare alla speranza che è la nostra ultima arma, ma anche la più potente.

Venire, dunque, tra di voi, cari fratelli e sorelle, è allora come respirare una boccata d'aria fresca, rinverdire ricordi, ravvivare amicizie che non sono mai venute meno, sentirsi accolto e libero.

Per questo vi ripeto il mio grazie pieno di affetto e di riconoscenza. A cominciare dal parroco Walter, affido tutti voi al Signore e gli chiedo che vi benedica con tutte le vostre famiglie.

Stegaurach, Germania, 6 maggio 2007

*Santa Messa in occasione del 50° di sacerdozio
di P. Pierre Brunissen*[1]

Cari fratelli e sorelle,
ho accettato volentieri di venire dalla Turchia per vivere con padre Pierre e con voi questo momento di festa in occasione del suo 50° anniversario di sacerdozio.

È soprattutto per un debito di riconoscenza che sono qui. Alcuni di questi anni di sacerdozio, infatti, padre Pierre li ha passati a servizio della Chiesa di Anatolia.

Egli ha accettato di guidare la piccolissima comunità cristiana di Samsun, sul Mar Nero, con grande spirito di servizio. Nella situazione attuale penso che ben pochi sacerdoti avrebbero potuto resistere in quel luogo per lungo tempo.

La presenza ridottissima dei cristiani, il senso di solitudine e d'isolamento, l'impressione di poter fare poco, avrebbero scoraggiato chiunque. Eppure padre Pierre, come pure don Andrea Santoro, assassinato lo scorso anno a Trabzon, nell'altra parrocchia del Mar Nero, sono riusciti a vincere in spirito di fede le molte difficoltà.

Per usare l'immagine del vangelo odierno, entrambi hanno assunto la parte di Marta e di Maria. Marta esprime la vita attiva, l'impegno pratico; Maria la vita contemplativa, l'ascolto. Padre Pierre è riuscito ad associare i due aspetti e questo gli ha permesso di trascorrere alcuni anni in ambiente difficile dove il cristianesimo è quasi scomparso.

Vorrei sottolineare che proprio la sua sensibilità umana lo ha reso gradito anche alle autorità locali. Ha fatto crollare quel muro di diffidenza che in certi luoghi della Turchia circonda i cristiani. Chi ha accostato padre Pierre ha sempre colto la sua bontà d'animo, la sua generosità e, al tempo stesso, la fedeltà a Cristo e alla sua Chiesa.

---

[1] Sacerdote *fidei donum* di Strasburgo, vissuto a Samsun (Anatolia, Turchia), dove subì un'aggressione e venne ferito nel luglio 2006 (NdC).

Caro padre Pierre, attraverso di me la Chiesa di Turchia Le dice un grazie sincero per il servizio da Lei svolto. Non si stanchi di fare il bene e di servire la Chiesa come ha sempre fatto. Il tempo del riposo non è ancora arrivato.

S. Agostino, commentando le parole di Pietro sul Monte Tabor che chiedeva a Gesù di rimanervi, scriveva: «Pietro, scendi, volevi riposare sul monte; ma no, scendi, proclama la parola, lavora, sopporta la fatica...

La realizzazione del tuo desiderio o Pietro, è in serbo, ma dopo la morte. Ora il Signore ti dice: scendi a terra a lavorare, a servire, ad essere disprezzato, ad essere crocifisso. È discesa la Vita per farsi uccidere; è disceso il Pane per soffrire la fame; è discesa la Via per stancarsi sulla via; è discesa la Sorgente per soffrire la sete...

Non cercare allora il tuo interesse. Abbi la carità, proclama la verità: perverrai all'eternità, troverai la pace» (*Sermone* 78,6).

In queste parole, caro padre Pierre, tutto il nostro affettuoso augurio.

Strasburgo, Francia, 22 luglio 2007

Scritti pastorali

*Lettera ai fedeli di Anatolia dopo la nomina
a Vicario Apostolico*

Carissimi fratelli e sorelle,
è il primo saluto che vi invio. Il Santo Padre mi ha scelto come successore di Mons. Franceschini alla guida della nostra Chiesa di Anatolia.

A lui il mio grazie fraterno per la preziosa eredità che mi consegna e che siete tutti voi.

Avverto come un grande onore essere cristiano con voi e vescovo per voi in questa terra di Turchia che conserva le memorie del primo cristianesimo.

Alcuni forse sapranno che il mio amore per l'Anatolia mi ha portato nel passato ad organizzare ad Efeso e a Tarso/Antiochia convegni su Pietro, Paolo e Giovanni e sui primi grandi Padri della Chiesa. Sento come un dovere conservare e fare meglio conoscere questa eredità di memorie e di santità, anche se il mio primo impegno siete tutti voi. La nostra realtà di Chiesa è tale da poter parlare di una "Chiesa domestica", le cui parole chiave sono fiducia, accettazione reciproca, dialogo, perdono.

Un teologo tedesco, D. Bonhoeffer, morto testimone della sua fede e della libertà, ha scritto che «chi ama la comunità distrugge la comunità, chi ama le persone costruisce la comunità».

Questo pensiero mi guiderà nel porre la massima attenzione a ciascuno di voi perché ognuno è un dono unico e irripetibile che il Signore ci fa.

Vi chiedo un aiuto fatto di preghiera, di consiglio, di sostegno. È vero che si è vescovo attraverso l'ordinazione, ma non si è un 'buon' vescovo senza l'aiuto dei propri fratelli e sorelle di fede. E sono certo che in questo sarete generosi nel sostenermi. Lo chiedo a tutti, ma in particolare ai miei confratelli nel sacerdozio e nella vita religiosa e alle religiose che già operano nel Vicariato.

Da parte mia vorrei che mi sentiste al vostro servizio nei vostri bisogni spirituali ma anche in quelli concreti di ogni giorno. È l'esempio del Signore Gesù che mi stimola a questo, lavando i piedi e invitandomi a fare lo stesso con ciascuno di voi.

Ispirandomi al grande figlio di Antakia e poi vescovo di Costantinopoli, Giovanni Crisostomo, ho scelto come motto episcopale "In Caritate Veritas" – La verità nell'amore. Sono poche parole, ma esprimono il mio programma di ricercare nella stima e nel reciproco volersi bene la verità. Se è vero che chi più ama, più si avvicina a Dio, è anche vero che per questa strada ci avviciniamo al senso vero della nostra esistenza che è un vivere per gli altri. Del resto la porta della felicità si apre soltanto all'esterno. Su questa convinzione si fonda anche la mia volontà di dialogo con i fratelli ortodossi, quelli di altre confessioni cristiane e con i credenti dell'Islam.

Saluto tutti con cordialità e nutro la viva speranza che potremo lavorare insieme per il bene comune delle nostre comunità e della Turchia. Come ricordava papa Giovanni XXIII che da delegato apostolico è vissuto nove anni ad Istanbul e ha amato profondamente questa terra, «sono più le cose che ci uniscono che quelle che ci dividono».

Come luogo dell'ordinazione episcopale, non ho scelto né Roma dove da tanti anni vivo e insegno, né Milano dove sono nato e dove sono divenuto religioso cappuccino. Ho preferito la Turchia per esprimere meglio la mia appartenenza a questa terra. Mons. Franceschini vi comunicherà tutte le informazioni concernenti la celebrazione che avrà luogo nella chiesa cattedrale di Iskenderun il 7 novembre alle ore 9.

Il Signore ci sostenga nel cammino che dovremo fare assieme. La mia prima benedizione è per voi.

Roma, 14 ottobre 2004

Vivere e pensare da cristiani in un mondo non cristiano

Lettera Pastorale di Mons. Luigi Padovese a tutti i fedeli del Vicariato di Anatolia

Cari fratelli,

è con viva cordialità che saluto ciascuno di voi. Alcuni li ho potuti conoscere: altri non ancora. Eppure vi assicuro che siete tutti presenti nella mia preghiera. Quando sono stato ordinato vescovo il 7 novembre dello scorso anno ho assunto come impegno quello di tenervi sempre vivi nella mia preghiera.

È consuetudine che ogni anno il vescovo presenti un programma di riflessione per tutta la sua Chiesa. Come ho già annunciato, il tema attorno al quale vi invito a riflettere ha questo titolo: "Vivere e pensare da cristiani in un mondo non cristiano".

Tra tutti i paesi di antica tradizione cristiana, nessuno ha avuto tanti martiri come la Turchia. La terra che noi calpestiamo è stata lavata con il sangue di tanti martiri che hanno scelto di morire per Cristo anziché rinnegarlo.

Una donna cristiana di nome Seconda, vissuta intorno al 170 d.C., a chi la invitava a rinnegare la propria fede per sfuggire alla morte, rispose: "Voglio essere ciò che sono", cioè sono cristiana e voglio rimanerlo.

Cari fratelli, a noi non è forse chiesto di testimoniare la nostra fede sino al martirio, ma è pur vero che ci è chiesto di testimoniarla. Io vi invito a leggere la prima Lettera che l'apostolo Pietro ha scritto alle prime comunità cristiane di Turchia per meglio capire che cosa comporta essere cristiani. Vorrei, anzi, che fosse questo testo del Nuovo Testamento ad orientarci in quest'anno.

Sappiamo tutti che nel nostro paese non è sempre facile manifestare la nostra identità cristiana. Siamo condizionati dall'ambiente: a volte abbiamo addirittura paura di dire quello che siamo per le conseguenze sociali che potrebbero derivarne. D'altra parte sta crescendo anche l'impressione che tutte le religioni si equivalgono. Ebbene, è opportuno ricordare che quella cristiana non è la fede nell'esistenza di Dio, ma la fede in una nuova immagine di Dio, rivelata nella persona di Gesù. È Cristo il centro della nostra fede. È Cristo il rivelatore del Padre che ci cerca e ci ama anche quando ci allontaniamo da Lui.

La convinzione che i cristiani sono tali non a motivo di "dottrina" ma per l'adesione alla persona di Gesù, era ben presente nell'antichità agli stessi persecutori, i quali richiedevano ai martiri di rinunciare alla loro fede, maledicendo Cristo.

Questa fu l'esperienza del vescovo Policarpo di Smirne. Come leggiamo nel resoconto del suo martirio, il giudice lo incalzava dicendo: "giura e ti pongo in libertà. Maledici Cristo". Egli rispose: "Sono ottantasei anni che lo servo e non mi ha fatto alcun torto. Come posso bestemmiare il mio Re, il mio Salvatore?".

Cari fratelli, vi ho ricordato questa testimonianza, ma sono migliaia i martiri della nostra amata terra di Turchia. Essi ci invitano a essere coscienti e felici della nostra identità cristiana. Eppure vorrei dirvi che questa identità che ci è data nel Battesimo va alimentata, accresciuta, difesa. Come scriveva un antico scrittore cristiano: «Cristiani non si nasce, ma si diventa».

Noi tutti viviamo qui in una situazione di minoranza rispetto ai nostri fratelli musulmani. Io vi invito a guardare a questa situazione come un'occasione per diventare sempre più coscienti della nostra fede. In altri paesi dove la maggioranza è cristiana, è più grande il rischio di dirsi cristiani senza esserlo. Qui da noi dobbiamo esserlo e mostrare di esserlo.

Il nostro impegno non è di convertire altri alla nostra fede, ma di mostrare semplicemente che è bello essere cristiani. Si tratta di parlare con la vita più che con le parole. «Gli uomini – diceva un vecchio saggio – credono più ai loro occhi che alle loro orecchie».

Vi scrivo questi pensieri da Roma dove mi trovo a rappresentare i vescovi della Turchia e dove, assieme al Papa e ad altri 250 vescovi, stiamo trattando dell'Eucarestia. È dal 3 ottobre che ogni giorno ci troviamo assieme per approfondire e rendere più viva la nostra partecipazione alla S. Messa.

Quanto emerge di continuo dai nostri incontri è la centralità del mistero del corpo e del sangue del Signore per la nostra vita.

Se è vero che iniziamo ad essere cristiani con il Battesimo, è però con l'Eucarestia che possiamo diventare buoni cristiani.

Vi invito, dunque, ad essere più presenti alla celebrazione domenicale. Alcuni martiri d'Africa nel III sec. hanno testimoniato con il loro sangue la loro fede nella celebrazione eucaristica domenicale. "Senza la domenica non possiamo vivere!": così hanno risposto alle autorità pagane che li hanno messi a morte. E noi, fratelli?

Guardiamo, dunque, all'Eucarestia non come a un dovere da compiere, ma come a un dono che Dio ci fa; dando se stesso Dio non ha bisogno di noi, ma noi abbiamo bisogno di Lui! Cari fratelli, vi ho offerto questi pochi pensieri che vi chiedo di approfondire.

Per finire, voglio confermarvi la mia gioia di essere con voi. Considero un dono del Signore essere per voi e come voi, un cristiano della Chiesa d'Anatolia. Cari fratelli, vi ho offerto questi pochi pensieri che approfondiremo durante quest'anno. Vi chiedo di sostenermi con la vostra preghiera perché io possa sostenere voi.

Il Signore vi benedica.

Roma, ottobre 2005

**«Siate sempre pronti a testimoniare la speranza
che è in voi» (1Pt 3,15)**

*Lettera Pastorale di Mons. Luigi Padovese a tutti i fedeli del
Vicariato di Anatolia. Anno 2006 – 2007*

Cari fratelli,

lo scorso anno ho proposto alla vostra riflessione la mia
Lettera Pastorale dal titolo *Vivere e pensare da cristiani in un mondo non
cristiano.* Non so se ne avete fatto motivo di riflessione nelle parrocchie
e negli incontri tra famiglie e tra giovani. Vi incoraggio a farlo per il
futuro.

In continuità con quella prima lettera, quest'anno ve ne indirizzo
un'altra prendendo come spunto un'espressione che l'apostolo Pietro
ha usato scrivendo ai primi cristiani della nostra terra di Turchia : «Siate sempre pronti a testimoniare la speranza che è in voi» (1Pt 3,15).

Avete tutti saputo delle difficoltà che la nostra Chiesa di Anatolia ha
vissuto quest'anno: l'assassinio di don Andrea Santoro a Trabzon, il ferimento di p. Pierre Brunissen a Samsun, le minacce ai Padri di Mersin,
la chiusura della chiesa di Adana, il persistente atteggiamento ostile
che nei nostri confronti si nota in certa stampa locale. Dinanzi a queste
situazioni, la tentazione è quella di chiudersi nell'anonimato, di confondersi tra gli altri per paura, per opportunismo, spesso – purtroppo – soltanto per necessità di sopravvivenza economica. È abbastanza normale
in questa situazione cedere allo scoraggiamento e alla rassegnazione
e vi confesso che pure io ho avvertito questa tentazione. Ma che cosa
fare? Anzitutto prendere coscienza che in tutte queste vicende c'è un
senso che va scoperto. Dio ci parla non soltanto attraverso la Bibbia, ma
anche attraverso gli eventi e le persone.

Ad esempio, che cosa ci dice il Signore con la morte di don Andrea?
Ci ricorda che essere discepoli di Gesù in questo mondo non è facile,
anzi, può essere addirittura rischioso. Non è forse vero che anche oggi
si ripete quanto Gesù ha predetto e poi personalmente sperimentato:
«Verrà un momento in cui vi uccideranno pensando di fare cosa gradi-

ta a Dio»? (Gv 16,2)

Ancora attraverso la morte di don Andrea il Signore ci ricorda che «non si possono servire contemporaneamente due padroni» (Mt 6,24). Ci sono situazioni in cui non si può piacere agli uomini e contemporaneamente essere servi di Cristo (cf. Gal 1,10). Il sacrificio di questo sacerdote è pertanto un invito a ravvivare la nostra identità di cristiani.

Questa identità, se da fanciulli è stata ereditata, da adulti dev'essere scelta e non come un atto chiuso, puntuale, ma nelle diverse circostanze della vita. Non ci chiamiamo cristiani soltanto in alcune ore del giorno, ma sempre. Ed essere e agire da cristiani significa confrontarci con Cristo. Egli è lo specchio nel quale dobbiamo quotidianamente guardarci. Proprio in questo confronto con Lui deve crescere la nostra fede e la nostra speranza. La vita non ci ha insegnato forse che la fede e la speranza in qualcuno cresce nel tempo e attraverso un contatto frequente? Non ci fidiamo e neppure abbiamo qualche speranza in chi ci è estraneo.

Per noi la parola fede e la parola fiducia esprimono la stessa cosa e indicano un abbandonarsi a qualcuno nella certezza che è onesto, non ci inganna e ci vuole bene. La nostra fede nel Signore Gesù è anche fiducia in Lui? Se ci fidiamo di Lui, allora possiamo anche sperare in Lui e rimanere a galla tra le tempeste della vita.

Ricorderete l'episodio di Gesù sul lago di Genezaret quando invita Pietro a raggiungerlo camminando sulle acque (cf. Mt 14,30). Pietro scende decisamente dalla barca, prende a camminare sulle onde ma poi, lentamente, inizia ad affondare perché viene meno la fiducia in Colui che l'ha chiamato.

Cari fratelli, questo episodio è un insegnamento per la nostra vita e ci rammenta che la fiducia dev'essere accompagnata dalla perseveranza e non basta soltanto per i primi momenti o in qualche circostanza.

Uno scrittore francese, Charles Péguy, ha paragonato la fede, la speranza e la carità a tre sorelle. La più piccola di loro è la speranza, ma è anche quella che, con il suo entusiasmo, riesce a spingere in avanti le altre due. Vi dico questo perché penso che la nostra fede in Cristo non è completa se non è mossa in avanti dalla speranza come da un vento impetuoso. Guardiamoci dentro. Non è forse vero che senza speranza perdiamo anche la gioia, perdiamo il coraggio di confessare la nostra fede e rimaniamo fissati in un presente che a volte ci appare come una stanza senza porte e senza finestre? La speranza cristiana ci fa alzare lo sguardo oltre il presente. Ce lo ricorda anche san Paolo quando scrive: «Se abbiamo avuto speranza in Cristo soltanto in questa vita, siamo da compiangere più di tutti gli uomini» (1Co 15,19).

Quando l'apostolo Pietro ci invita a testimoniare la speranza che è in noi (cf. 1Pt 2,15), parla della speranza che matura in questa terra ma che dà i suoi frutti nel "Regno dei cieli", come Gesù chiamava il paradiso. Avrete notato come Pietro non dice che dobbiamo testimoniare la nostra fede, ma la speranza che possediamo. La ragione è semplice: mentre la fede potrebbe limitarsi ad esprimere dei pensieri, rimanendo pura teoria, la speranza è strettamente legata alla vita. Essa è il termometro della nostra fede.

Cari fratelli, ho iniziato questa lettera ricordandovi alcune difficoltà della nostra Chiesa di Anatolia. Ora voglio invitarvi a guardare in alto e a vincere la tristezza e lo scoraggiamento, dal momento che la nostra speranza cristiana è più forte di ogni certezza perché fondata su Cristo, morto e risorto per noi. Voglio tuttavia aggiungere che questa speranza va nutrita ed alimentata vivendo nelle nostre comunità, perché è una virtù che cresce per contatto. È nella Chiesa e attraverso la Chiesa che impariamo a sperare. Sono i nostri fratelli e sorelle, quelli già in paradiso, ma anche quelli che vivono con noi, ad aiutarci a sperare. Cristo si serve di loro, di tutti loro, anche di quelli che con il loro comportamento cattivo servono non a darci la speranza, ma a 'provare' la sua solidità.

Se, come ho detto, la speranza è una virtù che ci si comunica e che si condivide, è importante che siamo più presenti nelle nostre comunità, negli incontri che quest'anno verranno organizzati, nelle celebrazioni dell'Eucarestia, anche quelle settimanali.

Vi confesso una certa amarezza nel constatare come siano pochi i cristiani che partecipano alla messa durante la settimana. Mi nasce allora la domanda: siamo vittime anche noi di un cristianesimo convenzionale, formalista, che si accontenta del minimo necessario? Pensiamo forse che possiamo salvarci da soli e che quindi la comunità può anche non esistere? Certo, non era questo il pensiero di Gesù che ha voluto una comunità e ha voluto essere cercato e trovato in essa («Quando due o più sono riuniti nel mio nome, io sono in mezzo a loro», Mt 18,20).

Cari fratelli, quest'anno il Santo Padre Benedetto XVI verrà a farci visita. Già sapete che incontrerà il patriarca Bartolomeo, il patriarca Mesrop e altri capi religiosi. Eppure un momento importante della sua visita in Turchia sarà l'incontro con la comunità cattolica il primo di dicembre.

Dopo tutti gli eventi che sono occorsi nei mesi passati vi posso dire che egli ci incontrerà per animare, rinvigorire la nostra speranza. Mi aspetto da lui, anzi sono certo che, come successore di Pietro, ci ripeterà le parole che Pietro rivolse ai primi cristiani di questa nostra terra: «Siate sempre pronti a testimoniare la speranza che è in voi» (1Pt 3,15).

Il Signore sia con voi e voi siate con Lui.

Vi benedico.

Siamo successori di Paolo e dei primi cristiani

Lettera Pastorale di Mons. Luigi Padovese
a tutti i fedeli del Vicariato di Anatolia. Anno 2007-2008

Cari fratelli e sorelle,
il Signore vi dia pace. Ogni giorno prego perché questa pace sia sempre con voi. Compito del vescovo, infatti, non è soltanto quello di guidare, istruire e sostenere quanti gli sono affidati, ma anche pregare per loro. La nostra Chiesa di Anatolia è numericamente ridotta, ma ormai vedo bene i suoi bisogni e so quanto ciascuno di noi ha necessità che altri preghino per lui.

Ormai sono quasi tre anni da quando la Provvidenza mi ha inviato tra di voi. Non posso dirvi che sono stati anni facili. Tante preoccupazioni e problemi mi hanno spesso tolto la tranquillità e come Pietro in mezzo al mare, ho chiesto al Signore: "Aiutami, perché sto affondando". Nonostante tutto, posso dirvi che sono felice di essere con voi e ringrazio Dio del privilegio di far parte della nostra Chiesa di Anatolia. Le difficoltà che ho sperimentato erano forse una prova per vedere se veramente amo questa nostra comunità.

Da fratello che parla ad altri fratelli, permettete che richiami una difficoltà che a volte mi crea tristezza: l'impressione che la nostra fede sia convenzionale, manchi di un approfondimento e si esprima in una partecipazione ridotta alla preghiera comunitaria, soprattutto la domenica.

Molti di voi appartengono a famiglie che hanno avuto il coraggio di rimanere cristiane, nonostante le pressioni esterne contrarie. Sapete bene che nel secolo scorso in questa nostra Turchia diversi cristiani, per necessità o per convenienza, ma certo non volentieri, hanno rinunciato alla loro fede o l'hanno nascosta. Sono ancora centinaia di migliaia i discendenti di queste famiglie antico-cristiane e con piacere noto che, di tanto in tanto, qualcuno occasionalmente si richiama alla fede dei propri genitori o nonni. Dico queste cose non per giudicare chi ha abbandonato la propria identità cristiana, ma per dire a voi che la fede trasmessa da quanti ci hanno preceduto non è come un quadro antico che conserviamo nelle nostre case, ma è un dono di Dio che non vive senza la nostra collaborazione.

Ho già scritto in precedenza che "cristiani non si nasce, ma si diventa" e con quelle parole intendevo dire che la grazia di Dio è inefficace senza la nostra cooperazione. Dio non ci costringe, ma ci invita. Gesù nel vangelo non ha mai costretto nessuno a seguirlo, ma ha fatto soltanto una proposta: «Se vuoi, vieni e seguimi» (Mt 19,21).

Anche a noi viene di continuo riformulata questa proposta che rispetta la nostra libertà. Forse è bene ricordare che Dio non ha bisogno della nostra preghiera, della nostra osservanza della legge. Il volto di Dio, quale ci presenta Gesù, non è quello di un esattore delle tasse o di un giudice che si aspetta l'esatto adempimento dei comandamenti. Dio è padre e quando ci chiede qualcosa non è per il suo bene, ma per il nostro vantaggio. Quando ci chiede di pregare, non lo fa perché la nostra preghiera lo rende più grande. Quando ci chiede di essere buoni con gli altri, non si aspetta che lo facciamo per averne una ricompensa. Gesù ci ha insegnato cosa significa 'gratuità' e amore disinteressato, anzi un amore che guarda più all'altro che a se stesso.

A chi ha accettato di seguirlo, il Signore fa poi questa proposta: "Come ho fatto io così fai anche tu". Guardate che questo "come" è molto importante, perché dà la misura di quanto siamo discepoli di Gesù. Siamo capaci di servirci a vicenda *come* lui ha fatto? Siamo pronti a perdonare *come* lui ha perdonato? Ci amiamo *come* lui ci ha amato?

Cari fratelli, vi propongo queste poche riflessioni, perché penso che ciascuno di noi, nelle nostre comunità, abbia bisogno di conoscere più profondamente le ragioni della sua fede. Se qualche nostro fratello musulmano ci chiedesse: "Perché sei cristiano?". Che cosa risponderemmo? Sarebbe sufficiente dire: "È la fede che ho ereditato dai miei genitori"? Ma se una fede ricevuta non è fatta propria, è una povera fede. Gesù nel vangelo ci indica anzitutto alcune vie per rendere questa fede sempre più personale: invita anzitutto ad entrare "nel segreto della propria stanza" per incontrare Dio. E ciò significa che la sola preghiera comunitaria non basta. Ancora Gesù ci invita a scoprire il volto di Dio attraverso la lettura del vangelo. Infine ci sollecita a pregare assieme, poiché «dove due o tre sono riuniti nel mio nome, io sono in mezzo a loro».

Cosa deduciamo da queste parole se non che Dio non vuole essere trattato da noi come un idolo muto al quale offrire parole e gesti, ma senza la partecipazione del cuore? L'apostolo Giovanni che ha posato la sua testa sul petto di Gesù nell'ultima cena, ci ha detto che «Dio è amore» (1Gv 4,16). Ebbene, se è veramente così, cosa può attendersi da noi se non una risposta d'amore? E per amare, bisogna essere presenti, non soltanto con il corpo, ma anche con la volontà, con il cuore.

Facciamo un esame di coscienza sul nostro modo di pregare e chiediamoci se nell'accostarci al Signore Gesù o al Padre celeste prevale più l'impegno del dovere da compiere che il bisogno dell'incontro con Colui che ci ama più di quanto noi amiamo noi stessi.

Come forse saprete, il papa Benedetto il 28 giugno ha dichiarato che dal 28 giugno 2008 al 29 giugno 2009, la Chiesa cattolica celebrerà il bimillenario della nascita dell'apostolo Paolo.

Paolo, come tutti voi, è figlio di questa terra. Paolo è uno di noi. Chi ha in tutto il mondo cristiano il privilegio di poter dire: Paolo è nato nella mia terra di Anatolia? Certamente, la città di Roma ha visto il tramonto terreno dell'apostolo e le sue ossa sono conservate là, ma è a Tarso che egli ha visto la luce ed è ad Antiochia che egli ha trovato la sua comunità cristiana. Dico queste cose perché al nostro privilegio di essere conterranei di Paolo, risponda anche l'impegno di conoscerlo di più. Paolo, attraverso la sua esperienza di Gesù, ci può fare da guida – attraverso le sue lettere – nell'avvicinarci a Dio.

Quest'anno vi invito pertanto a prendere in mano le sue lettere e a leggerle. Da parte mia, nei prossimi mesi, vi invierò un progetto di lettura perché, conoscendo meglio la figura di questo apostolo del vangelo, possiamo «conoscere l'amore di Cristo che sorpassa ogni conoscenza» (Ef 3,18). Paolo che aveva in sé «la sollecitudine per tutte le Chiese» (2Co 11,28), guardi a questa nostra Chiesa di Anatolia che è la sua Chiesa e interceda presso Dio perché siamo come lui, testimoni credibili del vangelo.

Vi benedico.

Cari fratelli e sorelle,
vi saluto tutti cordialmente. Sono ormai passati oltre tre mesi da quando sono arrivato al Vicariato. Gli impegni che avevo precedentemente assunti mi hanno tenuto ancora un po' di tempo in Italia. Eppure, state certi, che ogni giorno vi ho presenti nella mia preghiera.

Nelle passate settimane ho iniziato la mia visita alla parrocchia di Mersin e nelle prossime settimane continuerò, così, un poco per volta, ci possiamo meglio conoscere e impariamo a volerci bene.

Per questo tempo di Quaresima, vi invio alcune riflessioni e vi chiedo di rifletterci sopra. È un aiuto che il vostro vescovo vi vuole offrire per sentirci sempre più Chiesa, uniti nello stesso Signore.

Fin dai primi secoli cristiani, il tempo di Quaresima è stato visto come un tempo caratterizzato dalla pratica dell'elemosina, dall'esercizio del digiuno e da un rinnovato impegno di preghiera. È su di questa che richiamo la vostra attenzione. Il fatto di pregare non è certamente caratteristica del cristiano ma appartiene all'etica naturale ed esprime il senso della dipendenza dell'uomo da Dio. Eppure la preghiera cristiana ha una sua specificità che le deriva dall'immagine che abbiamo di Dio. Veramente "la preghiera è la misura del nostro discorso su Dio", è il fenomeno centrale dell'esperienza religiosa ma anche lo specchio sul quale si proietta la nostra idea di Dio. Si capisce allora come nella prima Chiesa l'insegnamento della preghiera, ossia la *lex orandi* o il *quid petendum* (che cosa chiedere) seguisse la *lex credendi* o il *quid credendum* (che cosa credere). Nel *Sermone 56*, commentando Rm 10,14-15 («Come invocheranno colui in cui non credettero?»), Sant'Agostino precisa ai suoi ascoltatori: «Proprio per questo non avete ricevuto prima la preghiera e poi il Simbolo; bensì prima il Simbolo, per sapere in cosa credevate, e poi la preghiera, per conoscere chi invocavate»[1]. Evidentemente, come alla

---

[1] AGOSTINO, *Sermone* 56 1,1.

fede si è generati, così importa che si sia iniziati anche alla preghiera e
per far questo ci vogliono maestri.

A rendere questo compito ancor più pressante concorrono alcune
difficoltà inerenti all'odierno contesto socio-culturale.

1. Un primo impedimento è creato dall'individualismo. Dovendo
    produrre da sé i significati della sua esistenza, l'uomo non accet-
    ta dei riferimenti al di fuori di se stesso. La preghiera di domanda
    e di ringraziamento, in quanto espressione di dipendenza, viene
    meno nel momento in cui si smarrisce il senso di Dio Provviden-
    te; ma essa è compromessa anche dall'affievolimento del senso
    escatologico e dal rimando alla vita eterna.

2. L'incondizionata posizione di preminenza dell'individuo si riflet-
    te nel rifiuto di tradizioni e istituzioni ritenute vincolanti. Il che
    significa che il regresso della fede, *depositum traditum*, si esplicita
    anche nella perdita del senso della preghiera. Con il crollo d'una
    visione religiosa del mondo e dell'esistenza anche la preghiera
    risulta compromessa.

3. Dal momento che la preghiera s'iscrive nell'ordine della gra-
    tuità, risulta sempre più difficile ricorrere ad essa all'interno
    di una società che vive sotto il segno dell'utile, del consumo,
    del tempo da non perdere. In questa società dei consumi che
    intrattiene per divertire e che gestisce il tempo dell'uomo tra la-
    voro e svago, riesce gravoso trovare momenti per la preghiera.
    Per chi pensa che 'il tempo è denaro', essa rientra tra le attività
    più inutili. Tutt'al più si trasforma in un'attività di riflessione,
    in una tecnica di *self-control* per acquisire imperturbabilità e
    pace interiore.

4. La reazione verso una precedente spiritualità individualistica e
    l'insistenza sulla dimensione comunitaria del pregare ha lascia-
    to in penombra l'impegno d'una educazione alla preghiera per-
    sonale perdendo di vista anche gran parte del patrimonio della
    tradizione cristiana.

A queste difficoltà del pregare, legate al momento storico che stiamo vivendo, se ne aggiungono altre. Perché pregare quando Dio già conosce ciò di cui abbiamo bisogno? – si domandano in diversi. Risponde Sant'Agostino precisando che «nelle preghiere si esercita il nostro desiderio» e Gregorio Magno specifica che se Dio già conosce, esige nondimeno che si chieda «per rendere fervido il cuore nella preghiera». La preghiera insomma è un'occasione per fare verità dentro di noi aiutandoci a passare dalla velleità alla volontà nel ricercare Dio. Sant'Ilario ricorda che «quel che noi riteniamo buono non lo è veramente se non è ricercato». Occorre, perciò, non soltanto credere al valore della preghiera ma *mostrare di credere* e mostrare di credere con perseveranza, nonostante la stanchezza e nonostante quel latente convincimento che ci sono altre cose da pretermettere ad essa. Da questo punto di vista pregare esteriorizza i nostri sentimenti ed è come la confessione del proprio peccato nella quale non diciamo a Dio quello che abbiamo fatto, come se Egli non lo sapesse, ma lo diciamo a noi stessi ponendoci davanti a Lui e cercando di usare il suo metro per misurare la nostra vita.

L'insistenza in questo impegno di preghiera e di ascolto della parola di Dio si scontra spesso con l'impressione deprimente di essere sempre gli stessi. E questa è un'altra difficoltà. L'inutilità del pregare! Giovanni Crisostomo ci invita a vincere lo scoraggiamento ricordandoci che «se uno entra nel laboratorio del profumiere e vi si trattiene, anche suo malgrado si impregnerà un poco dei buoni odori che vi sono... Come infatti dall'inazione si origina la pigrizia, così dall'azione nasce l'ardore dell'animo... Ma a che mi serve – tu dici – se non metterò in pratica quello che ascolto? Non sarà però un vantaggio di poco conto, se riconoscerai di essere un miserabile. Non è inutile questa tua preoccupazione, non è fuor di luogo questa tua paura; se ti lamenti perché non metti in pratica ciò che ascolti, ti preparerai tra non molto a farlo. Chi parla con Dio e lo ascolta, non può infatti non conseguire qualche utilità».

Un altro limite nella preghiera consiste nella fossilizzazione dell'immagine di Dio. Spesso il pregare è appesantito dalla monotonia e da un certo fissismo nel rappresentarci Dio. È significativa la testimonianza sul modo di pregare di Francesco d'Assisi. Come racconta il suo biografo, egli «dialogava spesso ad alta voce con il suo Signore, rendeva conto al giudice, supplicava il Padre, parlava all'amico, scherzava amabilmente con lo sposo. In realtà per offrire a Dio tutte le fibre del suo cuore considerava sotto diversi aspetti colui che è sommamente Uno» (II Cel 61,95). Queste parole trovano conferma in quanto Francesco stesso scrive nella *Lettera a tutti i fedeli* (9): «Com'è glorioso, santo, e grande avere un Padre in cielo; com'è santo e bello e amabile avere in cielo uno sposo; com'è santo, com'è caro, piacevole e umile, pacifico e dolce e amabile e sopra ogni cosa desiderabile avere un tale fratello...».

Questo rapportarsi familiare non è comunque disgiunto dalla consapevolezza dell'alterità di Dio, refrattaria ad ogni addomesticamento. Anche a questo riguardo, la consapevolezza che Francesco nutriva della sua trascendenza costituisce un richiamo a prender coscienza di quel che Egli è, superando la concezione di un Dio divenuto banale a forza di essere troppo conosciuto. La preghiera-invocazione dei *Fioretti*: «Chi sei tu, dolcissimo Iddio mio e chi sono io, vilissimo verme e inutile servo tuo?» contiene una cifra di verità, poiché riflette il senso profondo che Francesco nutriva della trascendenza di Dio il quale è «l'altissimo... senza inizio e senza fine, immutabile, invisibile, inenarrabile, ineffabile, incomprensibile e ininvestigabile».

Riconoscerlo tale comporta un atteggiamento di rispetto dinanzi al suo mistero che – come Francesco ci ricorda e la tradizione delle Chiese orientali insegna – non è diminuito dalla rivelazione della paternità divina e dall'evento dell'incarnazione.

Nella serie delle difficoltà o limiti del pregare figura anche l'atteggiamento di una meccanicità irriflessa. Una volta s'insegnava che il movimento della preghiera inizia con il mettersi alla presenza di Dio orientando la volontà e, se questa non è coinvolta, la preghiera diviene sterile. Per questo è importante «far precedere la volontà d'amare al dovere del fare». Sant'Ilario ricorda che «se facciamo qualcosa senza lo sforzo della volontà e il pensiero è occupato in altre cose, le nostre funzioni fisiche saranno impegnate nell'agire, ma a motivo della nostra negligenza non otterremo il merito della pietà». Insomma il solo agire non giustifica, neppure se esteriormente si sta obbedendo a Dio. Se Egli ascolta il grido del cuore, come può ascoltare quanti pregano senza cuore, ossia senza una volontà vigile e assenziente? Qui è il desiderio d'incontrarlo che conta. «Se continuo è il tuo desiderio – commenta Sant'Agostino – continua è pure la tua preghiera». Va infine ridimensionata l'impressione che Dio si aspetti la nostra lode e ringraziamento. Si dimentica così che il senso della preghiera non consiste nel tributargli elogi («tu non hai bisogno della nostra lode»), ma nel cogliere il bene e il bello disseminato in noi e attorno a noi lasciando che si rifletta in gesti, in invocazioni. Un cantico di lode presuppone occhi capaci di scrutare la realtà. Non ci sarebbe stato un Magnificat o un Cantico di frate Sole senza una previa percezione delle cose meravigliose prodotte da Dio. Vengono qui ancora a proposito le parole di Ilario di Poitiers: «Che merito c'è nel dire 'Signore' al Signore? Forse non sarà Signore se non lo diciamo noi?». Ancora Ilario ci rammenta che «Dio esige di essere amato da noi non perché s'aspetti un qualche frutto da questo amore ma perché l'amore con cui l'amiamo giova a noi. Aspetta di essere amato perché noi ne abbiamo vantaggio e perché attraverso il merito dell'amore otteniamo la beatitudine».

L'aver rilevato sin qui le difficoltà concernenti il *perché* e il *come* della preghiera e i possibili sviamenti che l'accompagnano, costituisce una premessa per parlare della preghiera di Gesù. Egli non propone nuove forme o tecniche di preghiera ma un nuovo atteggiamento che scaturisce da una nuova esperienza (non da una nuova concezione!) di Dio percepito come Padre. Neppure l'uso di questo appellativo è nuovo, mentre lo è il significato che Gesù vi connette. Scopo della sua missione è di trasmettere questa esperienza e di render partecipi della sua figliolanza. Pertanto Dio non può essere pensato come nostro Padre al di fuori di Gesù. In questa comunicazione della figliolanza attraverso Cristo, anche i tratti caratteristici del suo rapportarsi al Padre passano ai suoi discepoli. Un'evidente esemplificazione è offerta dalla parola aramaica *abbà* (papà), termine familiare usato da Gesù che inaugurava un nuovo modo di parlare con Dio. Il fatto di ritrovarla in Gal 4,6 e in Rm 8,15 indica che *abbà* già per Paolo era il modo usuale con cui la comunità si rivolgeva Dio.

Questa immagine di Dio *Abbà* suggerita da Gesù ai suoi discepoli porta ad un'immediatezza del sentire religioso, facendo scomparire il ricorso ad intermediari. Ora ogni cristiano è posto in una relazione vitale e personalissima con Dio stesso. Questa certezza induce Paolo a dichiarare: «Voi non avete ricevuto affatto uno spirito di schiavitù, sì da cadere di nuovo nel timore, bensì avete ricevuto lo Spirito di adozione filiale, in virtù del quale gridiamo: Abbà, papà. Proprio questo Spirito ci attesta che noi siamo figli di Dio» (Rm 8,14s.). Si capisce allora perché i cristiani delle prime generazioni abbiano pregato sempre e soltanto rivolti al Padre attraverso Cristo o in Cristo. Al Padre fa perciò capo l'esistenza cristiana. La stessa aspirazione al martirio che Ignazio d'Antiochia nutre, è giustificata come un andare al Padre: «Il mio amore [eros] – scrive ai Romani (7) – è crocifisso, e non v'è più in me un fuoco terreno, ma un'acqua viva gorgoglia e mi dice dentro: Vieni al Padre». Quest'ultima riflessione avvalora l'impressione, desumibile anche da altri testi, che la spiritualità della prima Chiesa è cristologica non soltanto perché orientata a Cristo, ma anche perché riconosce e mantiene il posto centrale che Cristo riserva al Padre nella vita, nella preghiera e persino nell'aspirazione alla morte.

Questa consapevolezza trova poi conferma nei numerosissimi commenti di autori antichi al Padre nostro che è significatore dei contenuti originiali del fatto cristiano o – come lo chiama Tertulliano – il *breviarium totius evangelii* (compendio di tutto il vangelo). Questa preghiera è stata intesa come il modo caratteristico cristiano di porsi dinanzi a Dio. È una preghiera che non va banalizzata come se il fatto di chiamare Dio 'Padre' ci sia dovuto e non sia un dono. Per questa ragione la liturgia introduce il *Pater noster* con un "osiamo dire". In esso ciascuno è invitato a prendere coscienza di essere all'interno di un progetto al quale deve dare risposta nella vita («sia fatta la tua volontà»). È questa volontà, è il nome di Dio (cioè la sua realtà stessa), è il suo Regno che contano e questo prima ancora di chiedere il pane quotidiano, il perdono dei nostri debiti, la liberazione dal male. Nel Padre nostro Gesù ci presenta perciò in successione discendente le cose che più importa. Questa preghiera dunque mette ordine, fissa delle priorità, indica ciò che è veramente importante. Si tratta poi d'una preghiera della comunità, poiché la volontà di Dio va cercata insieme così come assieme va santificato il suo nome e ricercato il suo Regno.

Ma accanto all'istruzione sul Padre nostro, l'esperienza stessa di Gesù ci rimanda alla necessità della preghiera personale nelle sue più svariate espressioni. La sua preghiera riflette la vita: *è lode* perché si sente ascoltato da Dio, *è domanda* perché il Regno si compia; *è richiesta di rifugio e di consolazione* perché molti lo odiano e altri lo fraintendono; *è preghiera d'impetrazione* perché Pietro non prevarichi; *è preghiera* perché i suoi siano una cosa sola; *è accorato invito* per essere liberato dalla sofferenza imminente; è, infine, *abbandono alla volontà del Padre*, aspetto immancabile e conclusivo in ogni preghiera ispirata a Cristo: «Non ciò che voglio io, ma ciò che vuoi tu» (Mc 14,36). Il "materiale" della preghiera è perciò la quotidianità del vivere e non la fuga dal quotidiano. Eppure tutto questo lo si intende nel segreto, nella solitudine. Sono diversi i brani evangelici che rammentano come Gesù ricerchi la solitudine, l'isolamente per pregare («Si mise in disparte...»; «Uscì in un luogo deserto...»; «Si alzò di buon mattino...»; «Si staccò da loro circa un tiro di sasso...»). E se nelle narrazioni evangeliche questi testi sono riportati, è perché la primitiva comunità cristiana si rifletteva in essi e riteneva essenziale questa dimensione. Proprio guardando a Gesù va sfatata l'impressione che la solitudine sia 'per me', mentre la comunità sia 'per gli altri', dal momento che proprio nei momenti di solitudine possiamo avvicinarci di più gli uni agli altri. Solitudine nella preghiera e vita sociale si appartengono l'un l'altra. La solitudine senza comunità porta ad un senso di isolamento, la comunità senza solitudine porta ad un vuoto di parole e di emozioni.

Dinanzi a queste sollecitazioni, ma altresì coscienti di come viviamo, nasce in noi la domanda che si ponevano gli apostoli: "Chi può farcela?". Chi è in grado di equilibrare nella sua vita azione e contemplazione, chi sa mantenere nella sua preghiera le priorità stabilite da Gesù nel Padre nostro?

La risposta implicita nell'atteggiamento e nelle parole di Gesù è sempre la stessa: "Se dipendesse soltanto da voi sarebbe certo impossibile;

ma non lo è, se credete che Dio agisce in voi e prima o poi vi raggiunge". Importante è non rassegnarsi mantenendo vivo il desiderio dell'incontro con Dio. "Il tuo desiderio sia la tua preghiera"!

Cari fratelli e sorelle, è per alimentare questo desiderio che vi ho scritto queste cose. Le accompagno con il mio fraterno augurio di bene per ciascuno di voi e per le vostre famiglie.

Iskenderun, Turchia, 7 febbraio 2005

Quaresima 2006

Carissimi fratelli e sorelle,
stiamo per iniziare la Quaresima. Per i primi cristiani questo periodo era un tempo forte perché era il periodo di preparazione per coloro che ricevevano il Battesimo a Pasqua. Nello stesso momento i peccatori si preparavano a ricevere il perdono per la Pasqua. Più tardi tutti i cristiani in questo periodo cominciavano a prepararsi alla Pasqua. In verità tutti noi in questo periodo dobbiamo ricordarci delle promesse che abbiamo fatto al Battesimo e dobbiamo pentirci dei peccati commessi e chiedere perdono a Dio.

In questi giorni dobbiamo chiederci un'altra volta che cosa ha fatto Gesù per noi. San Paolo a questa domanda risponde così: «Mi ha amato e ha dato la sua vita per me» (Gal 2,20). Ognuno di noi deve fare proprie queste parole e perché non rimangano vuote deve cercare di viverle. Gesù mi ha amato così tanto che ha donato la sua vita per me, io che cosa devo fare? La risposta è semplice: cercare di imitarlo nella preghiera, in una vita di carità e di servizio e nello sforzo di vincere il proprio egoismo. Si tratta di un triplice impegno verso Dio, verso il prossimo e verso noi stessi.

Cari fratelli, ricorderete come alcune settimane fa don Andrea è stato ucciso mentre pregava. Dopo essere stato colpito una prima volta, non ha cercato di fuggire ma ha pensato a chi era in chiesa con lui e gli ha gridato: "Riparati". Ecco, don Andrea ha già fatto la sua Quaresima ed è già arrivato alla Pasqua. Che il suo esempio ci guidi in questo tempo ad avvicinarci con la nostra vita a Colui che ci ha amati e ha dato se stesso per noi. A tutti voi l'augurio di una buona Quaresima che accompagno con la mia preghiera e benedizione.

Quaresima 2007

Carissimi fratelli,

abbiamo iniziato da poco la Quaresima e quest'anno la vivremo assieme ai nostri fratelli ortodossi. Con loro avremo poi la gioia di celebrare la Pasqua nella stessa data.

È bello che noi cristiani condividiamo queste feste che mostrano a tutti come, al di là delle differenze, ci ritroviamo nell'unico Signore.

Iniziando la Quaresima la prima domanda che ogni anno dobbiamo proporci, è la seguente: perché la Quaresima? La seconda questione è: come vivere la Quaresima?

Fin dai primi secoli dell'era cristiana il tempo che precede la Pasqua serviva come preparazione per il Battesimo, ma era anche il tempo in cui i battezzati, che avevano commesso gravi colpe, si preparavano a ricevere il perdono nel giorno di Pasqua.

Questo tempo, che doveva servire ai catecumeni e ai penitenti, si è poi allargato a tutta la comunità cristiana. Anche noi siamo sempre dei catecumeni che hanno bisogno di conoscere e rinnovare gli impegni del loro Battesimo, e sempre siamo dei peccatori che hanno bisogno di essere riconciliati con Dio. Ciascuno di noi, per esperienza, sa che è più facile dirsi cristiano che esserlo veramente. Anzi, a volte ci è difficile persino dire che siamo cristiani.

Il tempo di Quaresima è un'occasione per riprendere il nostro cammino di fede. Dobbiamo ricordare che "progredire significa ricominciare sempre di nuovo". Chi inizia ha lo slancio, la forza, le motivazioni che lo sorreggono. Forse a noi è proprio questo che manca. Per questo siamo invitati in Quaresima a guardare al Signore che come noi subisce la prova della tentazione, del 'deserto', della sofferenza interiore e fisica. È guardando a Lui che ha accettato tutte queste prove per amore nostro che noi pure saremo in grado di superare le prove della nostra vita. L'amore fa nascere amore. Guardando al suo amore per noi, nasce il nostro amore per lui. E con l'amore nasce anche il nostro desiderio di essere come lui. Occorre dunque stare con lui, in questo tempo di Quaresima, attraverso la preghiera, la meditazione, la lettura del vangelo per diventare come lui. È il contatto con Cristo che ci trasforma in uomini nuovi e ci rende testimoni credibili del vangelo.

Quando da giovane sacerdote studiavo in Germania, a Würzburg, in un chiesa della città ho notato una scultura di Cristo crocifisso, con i piedi inchiodati al legno, ma con le braccia aperte come per abbracciare chi si avvicinava a Lui.

Questa immagine ci dice qual è il senso della nostra Quaresima. Cristo è fisso su legno, non può muoversi, aspetta che noi andiamo da lui. Ma quando lo avviciniamo le sue braccia si aprono verso di noi. Egli, poi ci ha detto che possiamo trovarlo anche nei poveri, nei sofferenti, in chi è solo. «Chi ha fatto una sola di queste cose, l'ha fatta a me». Ora, c'è qualcuno di noi che non sia povero? Io non parlo soltanto della povertà di denaro, ma di tutte le povertà che rendono a volte difficile la nostra vita. Tutti siamo poveri. Ebbene, dinanzi a Dio e scoprendo la nostra povertà, ci è più facile accettare anche la povertà degli altri. Quanto deve unirci è la scoperta della nostra comune indigenza. Se, insomma, togliamo la maschera del nostro orgoglio noteremo di non essere diversi o migliori di chi ci circonda ma ugualmente bisognosi del perdono di Dio e del perdono gli uni degli altri perché tutti spesso ci ascoltiamo senza accoglierci, ci parliamo senza capirci, ci usiamo senza amarci.

In ordine d'importanza, dunque, migliorare i nostri rapporti con chi ci vive accanto è un compito primario di questo tempo Quaresimale. Se, infatti, Cristo con il mistero della sua passione e morte ci riconcilia con Dio come possiamo noi, celebrando questo mistero, vivere non riconciliati con gli altri? Questa schizofrenia va vinta perché annulla ogni altro sforzo di conversione.

Cari fratelli, in occasioni di grandi feste, noi ci prepariamo. Ebbene, anche in vista della Pasqua che per noi cristiani è "la festa delle feste" occorre che noi siamo ben disposti, e la preparazione che ci è richiesta è quella del cuore, della volontà.

Un poeta indiano racconta di un mendicante che passava il suo tempo a chiedere l'elemosina sulla strada. Un giorno passò di lì il re con il suo seguito. Vedendo quel povero uomo, il re fece fermare il suo corteo, si avvicinò al mendicante e, anziché, dargli qualcosa, gli stese la mano. Dalla sua borsa logora il mendicante estrasse un chicco di grano e glielo diede.

La sera, tornato nella sua capanna, aprì la sua borsa e notò un chicco d'oro. In quel momento fu preso dal pianto perché capì che se, nella sua povertà, avesse dato più chicchi al re, la sua borsa si sarebbe riempita d'oro.

Fratelli, diamo a Dio tutto quello che possiamo. Diamo generosamente: tempo, sacrifici, servizio ai fratelli. Noi non riceveremo in cambio dell'oro, ma Cristo, che è il tesoro più prezioso della nostra vita. Buona Quaresima.

Pasqua 2008

Cari fratelli,
un vescovo della nostra terra, Melitone di Sardi, vissuto nel II secolo, ci ha lasciato una delle prime omelie della Pasqua che conosciamo. Parlando di Gesù, Melitone lo chiama «la pasqua della nostra salvezza». Sappiamo che nella tradizione antica la parola 'pasqua' ha avuto un doppio significato: pasqua come 'passione' (dal greco *paskein*) e pasqua come 'passaggio' (dall'ebraico *passah*). Nella vita di Gesù i due significati sono stati riuniti: Cristo ha *patito* per noi, facendoci *passare* dalla morte alla vita. Egli è dunque veramente "la nostra pasqua", la "pasqua della nostra salvezza".

È questo il mistero che celebriamo in questi giorni. Il suo annuale ricorso non ci fa conoscere qualcosa che non sappiamo, ma ha lo scopo di richiamare alla mente e al cuore l'evento fondativo del nostro essere cristiani. Chi di noi, infatti, può dire di aver capito il profondo mistero di amore che s'è rivelato nella morte e resurrezione di Gesù? Il fatto è conosciuto, ma *la nostra comprensione* del fatto a che punto è? Basta guardarci dentro per capire quanto siamo ancora lontani dall'averlo compreso. Il sole della resurrezione illumina e riscalda veramente la nostra vita?

Se rimaniamo nell'ombra non avremo né luce né calore. Occorre esporsi, cioè rimanere alla luce, secondo le parole del Salmo che dice: «Alla tua luce vedremo la luce» (Sal 36,10). Sappiamo che questa luce è Cristo che «mi ha amato ed ha dato se stesso per me» (cf. Ef 5,2).

Il ricorso annuale della Pasqua è allora un invito a penetrare sempre più profondamente questo mistero dell'amore di Dio, così grande da apparire impossibile. Eppure, se oggi possiamo ancora dirci cristiani, è proprio perché i discepoli di Gesù l'hanno sperimentato attraverso la sua morte e resurrezione: *questo è stato il cuore della loro fede e della loro speranza e il centro del loro annuncio*. Ciò che li ha sostenuti nelle prove, è l'esperienza del Cristo vivente trasmessa loro da tutta una

serie di *apparizioni* sconvolgenti. Paolo, a tal proposito, nomina tutta
una serie di testimoni ancora viventi (1Co 15,5-8). A questo punto, è
importante chiarire che cosa ha significato per loro la resurrezione.
Al riguardo ci viene in aiuto la Scrittura.

Anzitutto:
1. le testimonianze neotestamentarie *non concepiscono la resur-*
   rezione di Gesù come un ritorno alla vita terrena. La morte non
   viene revocata, ma superata attraverso l'ingresso in una vita
   totalmente diversa, che esorbita le dimensioni del tempo e dello spazio;
2. positivamente, *resurrezione* significa che Gesù è stato accolto
   in quella realissima realtà che chiamiamo Dio. È un *entrare nel*
   'mistero' (e qui la parola mistero è appropriata) *di Dio*;
3. le testimonianze suaccennate ci rimandano al fatto che *il Cri-*
   sto risorto è identico al Cristo vivente su questa terra. Si tratta
   della stessa persona, anche se presente in una forma nuova,
   non più rappresentabile come paradossalmente dichiara Paolo quando parla di un "corpo spirituale" («si semina un corpo
   animale, risorge un corpo spirituale», 1Co 15,44);
4. che Cristo sia lo stesso nulla toglie al fatto che *appartiene ormai*
   ad un'altra realtà. V'è dunque *continuità e discontinuità*, come
   manifestano le sue apparizioni in cui si dice che gli apostoli (cf.
   Gv 21,1-13), la Maddalena ([Maria andata al sepolcro] «si vol-
   tò indietro e vide Gesù che stava lì in piedi; ma non sapeva che
   era Gesù», Gv 20,14), i discepoli di Emmaus non lo riconobbero e lo riconobbero (cf. Lc 24,13-35).

Resurrezione della carne vuol dire resurrezione della persona umana che
implica la totalità dell'uomo. L'essere umano risorge in quanto è in relazione con Dio. E dunque la fede nella resurrezione è la radicalizzazione
della fede in Dio. È lui che garantisce la continuità con quello che una
persona è stata in vita. V'è un altro fattore che garantisce questa continuità: è l'amore. Nel corso della vita l'amore s'è incarnato in noi per

mezzo del corpo che è l'universo ricevuto e reso particolare. È questo amore che ci lega a Dio e agli altri e costituisce per sempre la nostra personalità. Se è vero che soltanto l'amore attraversa la morte – come Cristo ha mostrato con la sua resurrezione – si può dire che uno sarà per sempre quello che è stato, nella misura stessa dell'apertura del suo essere alla totalità di Dio e degli altri. La festa della Pasqua che celebriamo è allora un invito ad aprirsi all'amore di Dio e all'amore del prossimo. Ama e vivrai! È questo il mio augurio pasquale per ciascuno di voi.

Iskenderun, Turchia, Santa Pasqua 2008

Quaresima 2010

Cari fratelli,

vi accompagni in questa Quaresima la pace del Signore! Pace significa armonia con Dio, con gli altri, con se stessi. Se ci guardiamo dentro, dobbiamo riconoscere che tutti abbiamo bisogno di questa pace. All'inizio di questa Quaresima l'apostolo Paolo ci ha scritto: «Lasciatevi riconciliare con Dio... Cristo è la nostra pace... Colui che ha fatto di due un solo uomo nuovo».

Accogliamo quest'invito come se Paolo lo rivolgesse a ciascuno di noi; Dio ci accoglie con le braccia aperte e, come il figliol prodigo del vangelo, non ci fa entrare nella sua casa dalla porta di servizio, ma dall'ingresso principale.

È però importante che noi diciamo: «Padre, non sono degno d'essere chiamato tuo figlio; trattami come uno dei tuoi servi». Dinanzi a queste parole il cuore di Dio s'intenerisce perché il suo è il cuore che conosce ed ama più di quanto possiamo sperare.

Quest'anno tutte le Chiese d'Oriente sono invitate a dare il proprio contributo di riflessione e di preghiera per il prossimo Sinodo dei vescovi che si terrà a Roma dal 10 al 24 ottobre. Siamo tutti chiamati a riflettere sulla nostra presenza di cristiani all'interno d'un mondo musulmano; ci è chiesto di esaminare i nostri rapporti con i nostri fratelli non cattolici.

"Comunione e testimonianza". Su queste due parole, che sono un programma di vita, si articolerà tutto il Sinodo.

Vi farò avere il testo in turco del documento che sarà oggetto di discussione. Vi chiedo di leggerlo, possibilmente assieme. Fatelo oggetto di studio perché si parla di noi: di come siamo, di come dovremmo essere. Assumete questa lettura come uno degli impegni di questa Quaresima. In un incontro con i vostri sacerdoti potrete poi comunicare le vostre impressioni e i vostri consigli.

Io prego per voi. Voi fate lo stesso per me. Il Signore vi benedica.

POSTFAZIONE
Fr. Mauro Jöhri

Leggendo le omelie di mons. Luigi Padovese emerge chiara la sua conoscenza dei Padri apostolici, dei loro scritti, della loro fede in Cristo e della loro esperienza di appartenere alla Chiesa. Di coloro che nei primi secoli della Chiesa avevano vissuto proprio in quei luoghi nei quali mons. Luigi Padovese era stato chiamato ad essere Pastore. Tutte le sue omelie, anche le più brevi, sono segnate da un riferimento patristico, una frase, una citazione, messe lì non certo per apparire colto, ma in quanto bagaglio della sua cultura e della sua storia, parte essenziale della sua personalità messa ora a servizio del piccolo gregge della Chiesa di Anatolia.

«È davvero toccante – sono le parole che ha pronunciato nel ringraziamento al termine della sua ordinazione episcopale – pensare che le radici della Chiesa affondano anche geograficamente in questo suolo che noi calpestiamo. Reputo un grande onore e una forte responsabilità guidare questa Chiesa ridotta per numero, non per la vivacità delle persone che la compongono e pure ricca di memorie cristiane» (Iskenderun, 7 novembre 2011).

Mons. Luigi Padovese, lo studioso e l'insegnante chiamato ad essere Pastore, si metteva a servizio della Chiesa di Anatolia con tutto se stesso. Lo ripeterà molte volte nelle sue omelie non solo per incoraggiare la piccola comunità cattolica o per dare coraggio alla sua voce: egli voleva bene per davvero alla gente di Turchia. Aveva ben chiaro che doveva prima di tutto custodire e nutrire la loro fede in Cristo. Non era dunque il passato, seppur glorioso e che aveva avuto tra i membri della Chiesa gli apostoli Pietro, Paolo e Giovanni, a rendere grande la Chiesa di Anatolia, era l'oggi del piccolo gregge cosciente della propria "identità di cristiani" a dover amare, guidare e servire.

«È un dono essere cristiani in Turchia oggi – affermava mons. Luigi Padovese – ed una grazia appartenere a questa Chiesa che è l'erede della prima Chiesa cristiana... La Chiesa di Anatolia è una Chiesa viva» (Mersin, dicembre 2005). Viva per il candore dei suoi martiri, viva oggi per il candore della sua testimonianza.

Cosciente che il suo servizio ministeriale alla Chiesa di Anatolia non era per conservare delle reliquie, ma per far parte di un corpo vivo, di una Chiesa certa dall'amore di Dio, affrancata dalla paura, unita alla Chiesa universale e guardata con sollecitudine dal Papa, più volte nelle sue omelie rinfranca e sostiene la comunità cristiana affermando di essere contento di stare in Turchia, di amare la Chiesa di Anatolia e di volerla servire sino alla fine. Con una semplicità disarmante richiamava la sua comunità a ricentrare il compito della piccola Chiesa di Anatolia nel grande annuncio del vangelo: rigenerarsi nel rapporto vitale con Cristo. Il Servo dell'obbedienza al Padre, il Figlio dell'Uomo Unico Salvatore, l'Amore fatto Presenza.

Una consapevolezza espressa con lucidità e chiarezza nel suo primo discorso da Vescovo. «Episcopato è il nome di un servizio, non di un onore. È nello Spirito di queste parole che intendo adempiere il nuovo ministero. Credo fermamente che una vita è vissuta bene quando è spesa per gli altri, così come credo che la porta della felicità si apre soltanto verso l'esterno» (Iskenderun, 7 novembre 2004).

Parole profetiche: servo, porta, felicità. Il suo ministero sacerdotale, la sua tensione al dialogo, il suo sorriso gentile.

Servo, una parola, come lui stesso ci dice, imparata da San Francesco che «l'usava quale filtro di lettura di tutta la vicenda umana di Gesù, dall'incarnazione alla morte in croce, ma è divenuta pure chiave per comprendere il suo cammino spirituale» (Milano, 29 settembre 2007). A questo filtro francescano mons. Luigi Padovese aveva aggiunto tutte le espressioni trovate e lette nei testi dei Padri della Chiesa, da Ignazio di Antiochia a Policarpo di Smirne, da Girolamo ad Ambrogio. «Servo è colui che imita Cristo fino al dono di se!».

Ai suoi preti nell'omelia alla Messa del Crisma (Giovedì santo del 2007) ricordava che «il sacerdozio è una vocazione al servizio» sull'esempio di Cristo, e a padre Pierre Brunissen in occasione del 50° di sacerdozio citando Sant'Agostino con forza evidenziava: «Ora il Signore ti dice: scendi a terra a lavorare, a servire, ad essere disprezzato, ad essere crocifisso. È discesa la Vita per farsi uccidere; è disceso il Pane per soffrire la fame; è discesa la Via per stancarsi sulla via; è discesa la Sorgente per soffrire la sete... Non cercare allora il tuo interesse. Abbi la carità, proclama la verità: perverrai all'eternità, troverai la pace» (Strasburgo, 22 luglio 2007).

Mons. Luigi Padovese sapeva trovare, pur nella semplicità e nella brevità delle sue omelie, il modo di esprimere il suo essere in terra di Turchia per servire Cristo e la sua Chiesa. Avrà mons. Luigi Padovese messo in conto di dare la vita con quella modalità così violenta? È un mistero che lasciamo nel cuore di Dio e nel suo cuore, contemplando con fede le vie imperscrutabili del Signore.

Dalle omelie traspare inoltre la sua radicale testimonianza di Cristo e l'annuncio del vangelo, con il suo personale stile, appreso da San Francesco e dai cappuccini. Uno stile nell'orizzonte della letizia e della consapevolezza di essere cercatore dell'amore di Dio e allo stesso tempo pellegrino insieme a tutti gli uomini amati dal Signore.

«Porta e non muro», così lo ha definito il cardinale Dionigi Tettamanzi al primo annuncio della notizia della sua uccisione. Era la sera della festa del Corpus Domini ed il Cardinale si avviava a guidare la processione eucaristica per le vie della città. Una coincidenza oppure un segno del metodo che mons. Luigi Padovese aveva scelto per essere Pastore e per educare la comunità cristiana dell'Anatolia al dialogo?

Nella sua ultima omelia, lucidamente e con grande chiarezza, esprimeva la strada che stava percorrendo nel campo del dialogo. «In Turchia si impara ad accettare la diversità, ma è importante anche farsi accettare. A questo proposito, l'unica strada è quella della cordialità e dell'amicizia. Ho cercato il dialogo con le autorità e con il mondo mussulmano e sono sempre più convinto che il dialogo, prima di essere un incontro e confronto di idee, deve essere un incontro tra uomini che hanno cuore oltreché mente. Se un dialogo non coinvolge il cuore non serve molto» (Stegaurach, 30 maggio 2010).

Capire ed accettare la diversità era per mons. Luigi Padovese il luogo concreto per ritrovare nella differenza l'unica radice comune, l'essere creatura dipendente da Dio e bisognosa dell'altro. Su questa base è così possibile riannodare il dialogo, la comprensione, l'amicizia, il desiderio di parlarsi e di sedersi insieme, uno accanto all'altro. La sua connaturale mitezza e la sorprendente semplicità erano le sue armi migliori per incontrare l'altro. E il suo sorriso era invece l'arma disarmante che metteva subito a suo agio chi lo incontrava. Le sue omelie, specialmente quelle dettate per le piccole comunità della sua diocesi, sono brevi, poche frasi, a volte una sola frase, mai però manca il «tu» del padre anche per chi non professa la fede in Cristo. Un «tu» che apre alla conoscenza e alla riconoscenza. E il suo sorriso arrivava prima della parola!

Leggendo le sue omelie non possiamo non farci cogliere da un sentimento di tristezza, non possiamo non riconoscere che il suo ministero episcopale in Turchia, seppur breve, è il piccolo seme caduto in terra perché produca frutto. In ogni sua omelia è richiamato il motivo di questo cadere in terra: la restituzione di quell'amore che per primo il Padre ha non solo manifestato, ma donato nel Figlio Gesù.

«Se crediamo che veramente Dio è Padre e ci ama, l'atteggiamento che da cristiani dobbiamo avere è quello di un abbandono fiducioso nelle sue mani. Dio sa qual è il nostro vero bene. Fidiamoci di Lui e chiediamo che sia Lui ad orientare il nostro futuro» (Turchia, 31 dicembre 2006).

Mons. Luigi Padovese si è abbandonato fiducioso nella mano di Dio che lo ha sparso nel buon terreno della Chiesa di Turchia per diventare seme buono per una messe buona.

Fr. Mauro Jöhri, OFMCap
Ministro Generale
dell'Ordine dei Frati Minori Cappuccini

NOTA BIOGRAFICA

S.Ecc. mons. Luigi Padovese, ofmcap
Vicario Apostolico dell'Anatolia (1947-2010)

1 marzo 1947: nasce a Milano, ultimogenito di Natale Padovese e di Maria Piccolo.

3 ottobre 1964: inizia il noviziato tra i Frati Minori Cappuccini.

4 ottobre 1965: professione religiosa temporanea.

4 ottobre 1968: professione solenne.

1968–1973: studia Teologia allo studentato teologico dei cappuccini San Francesco d'Assisi di Milano, conseguendo il baccalaureato in Teologia.

16 giugno 1973: ordinazione sacerdotale.

1973–1975: studia Patristica e Storia della Teologia alla Pontificia Università Gregoriana.

12 giugno 1975: licenza in Teologia patristica e Storia della Teologia alla Pontificia Università Gregoriana.

1975–1982: docente allo studentato teologico dei cappuccini San Francesco d'Assisi.

24 febbraio 1978: dottorato in Teologia alla Pontificia Università Gregoriana con una tesi dal titolo: *La cristologia di Aurelio Clemente Prudenzio.*

1979 – 1981: docente allo Studio teologico del PIME di Milano.

1982: è trasferito a Roma, al Collegio Internazionale San Lorenzo da Brindisi; inserimento nell'organico dei professori dell'Istituto Francescano di Spiritualità del Pontificio Ateneo Antonianum.

1985 – 1989: direttore dell'editrice Laurentianum.

8 giugno 1987: è eletto per un triennio Pro-preside dell'Istituto Francescano di Spiritualità. Questo incarico gli viene confermato nel triennio 1990–1993. Nei trienni successivi 1993–1996, 1996–1999, 1999–2002, 2002–2005 viene sempre rieletto Preside dell'Istituto.

1988 – 1995: membro dell'Ufficio Generale della Formazione e degli

Studi dell'Ordine dei Frati Minori Cappuccini.

29 aprile 1991: professore straordinario per la cattedra di Storia della Spiritualità al Pontificio Ateneo Antonianum.

1989 – 1991: professore invitato al Pontificio Istituto Regina Mundi.

1990 – 2004: professore invitato alla Pontificia Università Gregoriana.

1993–1994; 1997–1998: professore invitato alla Facoltà Teologica Seraphicum.

1994 – 2007: Delegato della Congregazione per le Chiese Orientali presso i Collegi e gli Istituti di formazione orientali.

2 maggio 1995: professore ordinario per la cattedra di Storia della Spiritualità al Pontificio Ateneo Antonianum.

1995 – 2004: professore invitato alla Accademia Pontificia Alfonsianum.

21 giugno 2004: è nominato Consultore della Congregazione per le cause dei Santi.

11 ottobre 2004: è nominato Vicario Apostolico di Anatolia (Turchia) ed elevato in pari tempo alla sede vescovile titolare di Monteverde.

7 novembre 2004: ordinazione episcopale nella chiesa cattedrale di Iskenderun (Turchia), sede del vicariato. Motto episcopale: *In Caritate Veritas*, ispirandosi a san Giovanni Cristostomo.

2 settembre 2007: Presidente della Conferenza Episcopale di Turchia.

2009–2010: collabora alla preparazione dell'Assemblea speciale per il Medio Oriente del Sinodo dei Vescovi, partecipando alla commissione preparatoria e contribuendo alla stesura dell'*Instrumentum Laboris*.

3 giugno 2010: è ucciso nella sua residenza estiva a Iskenderun.

5 giugno 2010: funerali nella cattedrale di Iskenderun presieduti dall'Arcivescovo di Smirne, mons. Ruggero Franceschini, con la partecipazione commossa di fedeli e cittadini, di autorità ecclesiali, cattoliche e ortodosse, civili e musulmane.

14 giugno 2010: funerali solenni nel Duomo di Milano. Il rito è presieduto dal Cardinale di Milano Dionigi Tettamanzi.

NOTA BIBLIOGRAFICA

Cattedra "Spiritualità e dialogo interreligioso". In memoria di Mons. Luigi Padovese. Inaugurazione della cattedra. Presentazione del volume In Caritate Veritas, a cura di P. Martinelli, supplemento a *Italia Francescana* 85(2011).

Come chicco di grano. Un ricordo di Mons. Luigi Padovese assassinato in Turchia, a cura di G. Caffulli, Edizioni Terra Santa, Milano 2010.

"In Caritate Veritas". Luigi Padovese, Vescovo cappuccino, Vicario Apostolico dell'Anatolia, Scritti in memoria, a cura di P. Martinelli – L. Bianchi, EDB, Bologna 2011.

Martinelli P., *Mons. Luigi Padovese. Uomo di comunione*, Velar – LDC, Gorle (Bg) – Cascina Vica (To) 2011.

Raurell F., *Luigi Padovese (1947-2010), studioso e uomo di Chiesa*, in *Laurentianum* 53 (2011) 305-357.

INDICE

Omelie

Scritti pastorali